［日］杉山美奈子 著
［日］田村记久惠 绘
刘羽治 译

话说对了，孩子就会听了

父母与孩子交流的实用指南

天津出版传媒集团
天津人民出版社

图书在版编目（CIP）数据

话说对了，孩子就会听了 /（日）杉山美奈子著；（日）田村记久惠绘；刘羽治译 . -- 天津：天津人民出版社，2018.7（2020.9 重印）

ISBN 978-7-201-13553-3

Ⅰ . ①话… Ⅱ . ①杉… ②田… ③刘… Ⅲ . ①儿童教育 - 家庭教育 Ⅳ . ① G782

中国版本图书馆 CIP 数据核字 (2018) 第 147179 号

著作权合同登记号：图字 02-2018-190

话说对了，孩子就会听了
HUA SHUO DUI LE , HAI ZI JIU HUI TING LE
［日］杉山美奈子　著　［日］田村记久惠　绘
刘羽治　译

出　　版　天津人民出版社
出 版 人　刘　庆
地　　址　天津市和平区西康路 35 号康岳大厦
邮政编码　300051
邮购电话　（022）2332469
网　　址　http://www.tjrmcbs.com
电子信箱　reader@tjrmcbs.com

责任编辑　章　赪
装帧设计　易珂琳

制版印刷　大厂回族自治县德诚印务有限公司
经　　销　新华书店
开　　本　620 × 899 毫米　1/32
印　　张　6
字　　数　97 千字
版次印次　2018 年 7 月第 1 版　2020 年 9 月第 2 次印刷
定　　价　59.00 元

推荐序一

父母只要做小小的改变，孩子就会有大大的改变。

——中国少年儿童新闻出版总社首席教育专家

中国家庭教育学会常务理事

卢勤

许多父母都有过这样的烦恼，忙着出门时孩子却非要换衣服，孩子只顾着玩而不回家吃饭，该睡觉时却哭闹着不肯睡……每天都会重复上演，最后结果总是大人骂、孩子哭。这对于每天忙于工作、家务的父母来说真是筋疲力尽、苦不堪言。

孩子不听话时，你可能打过、骂过、罚过，可效果却不好。

那应该怎么做呢？

日本沟通专家杉山美奈子小姐所著的《话说对了，孩子就会听了》，可以帮助父母们解决这个难题。作者指出，只需改变一下说话的方式，孩子就会听父母的话了，父母也就轻松了。比如吃饭的时间到了，孩子却玩得不亦乐乎，妈妈只说一句："快点儿回家了！"就转身往回走，孩子一般不会动；而如果妈妈认真地看着孩子的眼睛，温柔地询问："你肚子饿不饿？该回家吃饭了哦！咱们待会儿再来玩。"孩子都会乖乖地跟妈妈回家。

说话方式的改变，其实是认识、理解孩子的角度发生了改变。作者从日常生活中养育孩子的一点一滴出发，带父母进入孩子的内心，感知孩子的感受，然后改变说话方式，让孩子更容易理解并接受父母所说的话。

作者让父母不仅知其然，还知其所以然，不仅知道在这种情况下怎么说，还要知道为什么要这样说，因此里面的内容都值得父母静下心来，细细地看，甚至停下来想一下，反省与思考自己对孩子的理解角度与方式。比如作者在第一章中就指出与孩子交流，仅凭语言是不够的，因为孩子的理解力有限，因此还要借助"视线、表情与声音高低"来与孩子交流，这样孩子才能感受到父母的用心，更好地理解父母的话。

我建议父母们重点看看“表扬与批评的方法”。现在许多父母都意识到赞美、鼓励孩子能帮助孩子建立自信心，有勇气面对生活的挫折，但作者指出赞美也是有“禁忌”的。有的妈妈读了我写的《告诉孩子，你真棒》一书后，对我说：“我整天对孩子说‘你真棒’，他怎么就‘棒’不起来呢？”我问她：“你说他‘棒’有具体的事情和理由吗？”她说：“没什么理由，我说他‘棒’是希望他更‘棒’。”问题就出在这里，正如作者所说：“不理解孩子就随口赞美，不如不要说！”作者认为有一些赞美的方式是不可取的，如“敷衍式的赞美→即使被赞美，也感受不到真正的喜悦；不管什么事，通通都赞美→‘被赞美’成为一种目的；‘好棒喔！你好乖喔！你好聪明喔！’→缺乏具体性，让孩子感到莫名其妙，不知道自己到底是为什么被赞美”。而是要知道孩子哪方面是值得赞美的，并具体指出来，真心地对孩子说“你真棒！”要让孩子知道自己因为什么而得到了表扬，才能让孩子充满自信，“继续挑战进步的空间”。

同样的道理，在批评孩子时，也应具体地指出孩子的过错，比如对孩子说：“把房间整理干净！”孩子可能会一脸茫然，不知该做什么。而改变一下说法："把玩具全部放回玩具箱里喔！"孩子就会马上明白父母的话。如果不小心大骂孩子之后，一定要安抚、拥抱孩子，绝对不能让孩子产生妈妈讨厌我或爸爸不喜欢我的感觉"，让孩子明白自己错在什么地方，而且孩子也能感觉到父母的爱，充满爱的斥责方式，才是最重要的教导方式。

书中还有一个部分，建议爸爸、妈妈们认真看一看，就是"专栏"部分，真的非常有趣！这也是这本书特有的部分。比如"练习成为声美人"，告诉妈妈们怎样发音会与孩子达到更好的沟通效果；在"声美人的遣词用句"中的例子非常有用，因为不同的说话方式，确实会对孩子的心理产生不同的作用！比如，与其说："别光顾着讲话，赶快吃饭！"不如说："仔细咬一咬再吞下去喔！"尤其是在"妈妈要放松！放松！"这个专栏中，作者很贴心地为劳累的妈妈们提供了一些放松的技巧与观念，帮妈妈们放松疲惫的心情，让妈妈们轻松愉快地享受育儿过程的乐趣。

这本书的另一个突出的特点就是文中的配图，活泼轻松，让父母们放松心情，愉快阅读，在反省思考的同时不禁莞尔一笑。作者的语言也浅显易懂，一个个小例子生动活泼，贴近现实。简单的文字、幽默的图画，却透露出作者对孩子的理解与关爱，还有对全心教育、呵护孩子的父母们的体谅与关怀。

文中几乎囊括了父母在育儿过程中经常遇到的各种情况，对每种情况作者都列出了具体的应对方案，提供了贴切合适的意见。建议每个父母都试试看喔！

父母只要做小小的改变，孩子就会有大大的改变。

不是孩子不听话，而是父母没说对。话说对了，孩子就会听了，父母也轻松了。

希望父母们在育儿路上轻松愉快，孩子们都能快乐成长！

推荐序二

导正教导孩子的迷思，改变想法与作为！

——桃园县私立诺瓦小学校长　李玉林

走入21世纪，一切的思维及做法都是多元创新的，学校和父母也一样寻求改变管教方法。在现代家庭中，孩子是家中的宝贝，以往的“棒下出孝子、严师出高徒”已经不能适应现代教育的要求。尤其是学龄前的孩子在家庭中所受到的教育方式，不仅影响日后的学习态度，更造就一辈子的人格特质，所以妈妈的角色及管教小孩的方法有其无可言喻的重要性。

《话说对了，孩子就会听了》是一本浅显易懂的书籍，告诉妈妈们在家中如何轻松、有效地教导孩子。从怀孕的第一天开始，专家就告诉大家胎教的重要性，也就是声音的力量能启发孩子的智慧。但是孩子出生后，父母视线的力量更重要，以声音搭配表情来传达信息，并将心情化为语言进行沟通，让小孩子不仅能体谅妈妈的心情，更能快乐地学习。

孩子在学习过程中会有遇到挫折，正面的赞美是引导孩子更积极努力学习的力量，而负面的指责、批评则可能削弱他们的学习动机和兴趣。适度拿捏两者的“分际”，就能减少许多不悦并增进父母与孩子之间的感情。而孩子大都是在摸索和模仿中学习的，适度地让他们帮忙做事，并且不过度在意他们的失败与成功，能促使孩子勇于学习。孩子之间争宠、吵架、闹情绪，也都是学习沟通的方式。只要父母间良性互动，亲子之间融合，家庭就能更加祥和温暖。

如何教导孩子知礼守法？父母亲们以身作则非常重要！把孩子当作朋友，以同理心来对待，多倾听他们的声音，培养亲子之间的感觉，恰当表达自己的想法，则孩子们就能以最大的成效开心地学习。各位家长们！一本简单的学习书籍，能导正我们过去教导孩子的迷思。希望我们改变一些想法与作为，每位孩子都能够健康活泼、快乐成长。

（引自三采文化出版《话说对了，孩子就会听了》）

谨以此书献给那些辛苦育儿、身心俱疲的爸爸、妈妈们！

前言

妈妈每天都很忙碌，这不是因为她们每天都要思考很多事情，而是因为当她们站在自己孩子的面前时，却苦于不知如何与孩子交流。

当大人们面对工作或学习时，都知道“怎样做就能达到怎样的效果”，也就是说，在脑海中能想象出最终完成的程度。但是和孩子的沟通，却无法顺利地在脑海中想象出来，所以妈妈才会看起来如此辛苦忙碌。而且孩子总是精力充沛，妈妈为了管教活蹦乱跳的孩子，只好努力，因为要想让孩子乖乖地听话，实在是太难了。

虽然孩子都是在妈妈的教导下成长的，但是本书并不要求妈妈拥有完美的语言表达能力。妈妈作为一个普通人，也会遇到各种各样的状况，想要一直保持稳定的情绪和愉悦的心情，是非常困难的。特别是在面对朝夕相处的家人时，很难做到以理想的话语和态度来进行沟通。正因为几乎做不到，所以在面对孩子时，脑海中常常为“我这样说孩子好吗？”或者“我刚刚说得会不会太过分了？”而烦恼。

这本书是为了解决妈妈的这一烦恼而写的，让妈妈发自内心地感到安心，明白“原来在这种时候，为怎样向孩子正确表达而苦恼的不止我一个人”。此外，这本书还能帮助妈妈引导孩子抒发情绪。如果妈妈能明白“这个孩子现在的心情”，站在孩子的立场上思考问题，那么使用的词句也会发生变化。不过这本书并不是想用“不可以这样对孩子说话”来束缚住妈妈，而是让妈妈找到知音，感慨“没错没错，当我烦躁不安时，也会这样对孩子说话”。

每个孩子都是独一无二的，每个妈妈的情况也各不相同，所以并不存在“这种时候，这样说话就能完美解决问题了”的通用方法。只是希望这本书能教会妈妈一些跟孩子沟通的小技巧，使大人和孩子都能越来越幸福，作者就倍感荣幸了。

目　录

Chapter 1

Chapter 2

Chapter 3

Chapter 4

Chapter 5

Chapter 1

和孩子沟通的诀窍

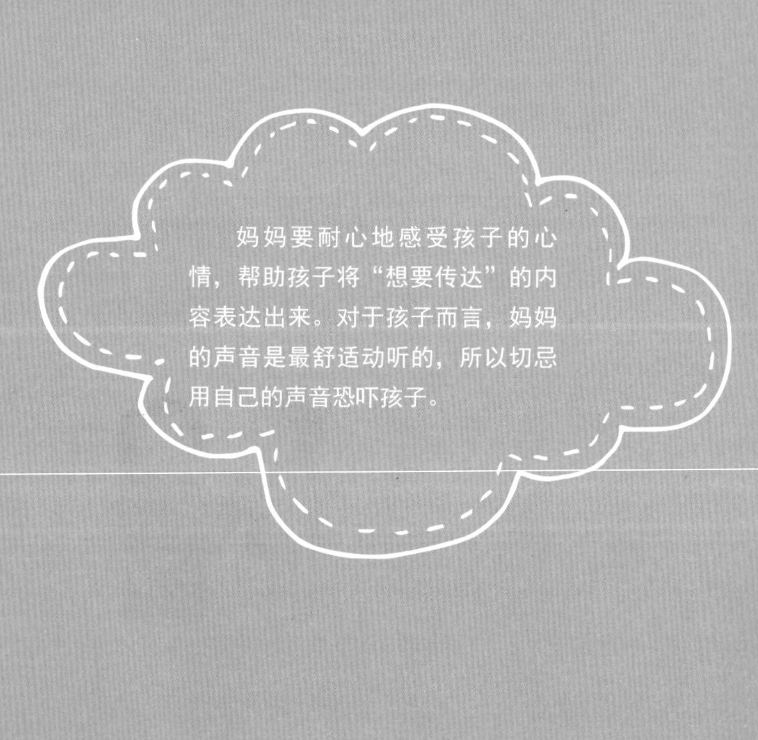

妈妈要耐心地感受孩子的心情，帮助孩子将“想要传达”的内容表达出来。对于孩子而言，妈妈的声音是最舒适动听的，所以切忌用自己的声音恐吓孩子。

视线交流的重要性

和孩子说话时，语言和视线、表情、声调的配合十分重要。若配合得当的话，孩子很快就会理解你的意思。

比如在这种时候：

在变成这种情况前……

行了，不要胡闹！

1. 与孩子视线齐平
2. 语气要镇静平和

我们下次再来好吗？肚子饿了吧？一起回家吃饭吧！

这样一来，事情就顺利解决了！

这就是眼神的力量！

越是忙碌的时候，
越要注意的事情！
要迟到了！
要迟到了！
妈妈，
帮我换下衣服……
妈妈哪有时间帮你换啊！
不可以这么任性，
快去换衣服！
我这儿忙着呢！
最好不要这样回应孩子。应尽可能放下手边的事情，倾听孩子要说的话。
如果真的忙不过来，也要停下忙碌的双手，看着孩子的眼睛，向孩子说明。
能帮我穿衣服吗？
便当让孩子的爸爸自己打包吧！
安心
等妈妈忙完哦！

视线交流的重要性

通过眼神向孩子传递妈妈的爱！

当我们运用丰富的表情和对方交流时，产生的效果就像发信息时用到的表情符号一样。通过发信息交流的话，有时文字无法很好地传达发送者的感情，在这种时候，就需要借助表情符号。

妈妈和孩子之间的沟通，就像发送信息的过程。孩子还不能完全理解语言所表达的意思，所以当孩子和妈妈有视线交流的同时，能感受到妈妈开朗的声音和丰富的表情，就能起到和信息中的表情符号同样的作用。

而且妈妈不要以为用语言表达了正确的意思，孩子就能够理解了。只有将视线、表情和声调组合在一起，与孩子进行沟通，才能让孩子迅速、准确地理解自己的意思。

请回想一下孩子还是小婴儿的时候，你应该也和孩子玩过那个双手遮脸，然后突然打开的游戏吧？这个游戏需要和婴儿保持相同的视线高度，这也是视线交流的开始。大人利用视线相交的方式吸引婴儿的注意力，然后挡上自己的脸，发出“哇”的一声，同时打开双手。婴儿看到大人这样做时，会非常开心，而看到了婴儿笑脸的大人，也不自觉地感到了幸福。

孩子在婴儿时期，就试着和大人用“视线”“表情”和“声调”来沟通。但随着孩子对语言理解能力的提高，我们很少再用其他的方式来辅助孩子理解，只是凭借“语言的力量”和孩子沟通。常见的场景是：早上孩子坐进幼儿园班车，在车里挥着手喊“妈妈”时，你是不是在和其他家长聊天而忽略了孩子呢？妈妈的无视，让孩子感到伤心。孩子最喜欢的就是妈妈，所以这时如果妈妈能看着孩子，和孩子挥手告别：“路上小心哦！”孩子就会高高兴兴地去上幼儿园了。

妈妈每天都要做很多家务，比如洗衣服、做饭等。即使是在忙碌的时候，也要做到一边工作一边听孩子说话，并看着孩子的眼睛告诉他：“等妈妈忙完后，再慢慢听你说。”孩子自然就会感到安心。哪怕一天只有一次，妈妈也要暂时放下手中的工作，看着孩子的眼睛，耐心地听他要说的话。这样做的话，能使孩子的内心更有安全感。妈妈的视线和语言，就是向孩子表达爱意的方式。

婴儿的语言理解力

一岁左右的婴儿，有时只是看到妈妈走向旁边的屋子，就会立刻大哭。

一开始也许还是会哭，但婴儿慢慢就会理解。

妈妈去晾衣服，马上回来，你乖乖等着哦

小安！

只要叫婴儿的名字，他一定会转身看向妈妈。

虽然孩子还小，但只要向他认真说明，孩子是可以理解的。

只要传达了“一定会回来的”“我们一直都在一起”的信息，孩子就会很安心。

比如这种时候也是……

孩子们都不喜欢等待！

如果这时能用商量的口吻对孩子说……

或许不只是孩子感到了安心，妈妈也冷静了下来

婴儿的语言理解力

在婴儿面前，说话也要注意！

一天，哥哥和妹妹正在吃面包。像往常一样，哥哥先吃完了面包，说道：“妹妹还有面包，真好啊！”

这时，父亲对哥哥说：“你可以跟妹妹要一口面包，伸出手试试看。”结果，还没学会说话的妹妹，正用自己的小手撕着面包，递给哥哥。

没错，婴儿即使不会说话，也能理解语言的意思。所以千万不要觉得反正婴儿也听不懂，就不跟婴儿说话了，或者说婴儿的坏话。当大人说“他还不会说话”“他还不会走路”这种话时，即使婴儿不能发声，也是可以听懂的。

在孩子还是小婴儿的时期，大人会认为“婴儿听不懂我们说话”，所以在不对婴儿说任何话的情况下，进行着工作。事实上，大人应该对婴儿说一句“现在要打扫一下房间哦！”“一起去买晚饭的食材吧！”这样的话。

婴儿也同样讨厌被无视。己所不欲，勿施于人，大人们自己不喜欢的事情，也不要对孩子那样做。

婴儿是通过听，来学习语言的。周围人说的话，会影响到婴儿的语言，所以妈妈说话用词是非常重要的。

我从一位十九岁的学生那里，听说了她的一次亲身经历。

当时，她在一家超市里打工，做一名收银员。“前段时间，有一位七十岁左右的奶奶在结账的时候，找了一会儿零钱，结果在她身后一位带着孩子的年轻妈妈开始大声抱怨道：‘好慢啊，怎么这么慢啊！’当我听到这句话时，心里感到非常不愉快，同时也在想：那位奶奶听到这句话时，应该比我更生气吧。站在这位妈妈身边的孩子，又是如何看待自己妈妈说的这句话的？”

这位学生的话，深深地刻入了我的心里。

说话的习惯是由耳朵里听到的话语培养成的。平时不要说一些苛刻、粗暴的话，即使是烦躁不安的时候，也不要在孩子面前说出口；能养成这样的好习惯的话，就再好不过了。

声音与表情的运用

无论哪国的语言，重要的都是有“想要传达”的欲望。

学习外语最好的方法，就是交一个外国男朋友。

为了培养孩子主动传达感情，首先要做的就是回应婴儿的话语（婴儿发出的咿咿呀呀等声音）。

孩子感受到妈妈有回应时，才能体会到“传达感情的乐趣”。然后……

当孩子开始用手指时，是在以此传达感情。体会到“传达到了”的喜悦，是对孩子变得“想要传达”的莫大鼓励。

语尾的“耶、呀”是传达共鸣的温柔的声音。

最重要的是“声音的音调”。脸上的表情固然重要，而声调也同样重要。

即使是一句“谢谢”：都能使对方的感受不一样。

回应孩子的话语时，要尽可能保持笑容。这样做的话，声音也自然开朗起来了。

妈妈的温柔声音和语调，会使孩子想要“说得更多”。

声音与表情的运用

声音的音调和表情同样重要!

有些孩子能够理解语言，但不会用语言表达。即使是这样，也不要将他和别的孩子进行比较，要耐心地等待孩子张嘴说话。不要焦急地对孩子说“这样说就可以了”，千万别逼他说话，而是用心体会孩子“想要传达”的内容。与其急躁地用语言教孩子“那是什么什么”，不如“看着孩子的眼睛”“注视孩子的动作”更为有效。

此外，在公园和其他孩子们玩耍也非常重要。这时，大人会和附近的邻居们闲聊，或是和亲戚们来往。只有大人接触了各种各样的人，才会有许许多多的声音传入孩子的耳中。这些都是为了培养孩子的语言能力，所能提供的良好的影响。

当孩子还不能自如地运用手指时，通常都无法“按照自己的意识”来拿取玩具。这时孩子就会向妈妈求助，这是母子间通过表情和动作，传达感情的绝佳交流时机。妈妈要和孩子保持同样的视线高度，一起从玩具箱里将玩具取出，并不时询问孩子：“是这个玩具吗？”“这个玩具是这样玩吗？”在询问孩子的过程中，就能看到孩子的表情和动作，也自然就能读懂孩子内心的想法了。当孩子发现妈妈的行为和自己所想的不一致时，便会摇头表示“不是不是”。而当孩子的期待和妈妈的动作达成一致时，将会是一个幸福的时刻。妈妈就通过这种方式，让孩子体会“想要传达的事情”和“传达到了的喜悦”！

妈妈声音的音调，能够丰富孩子的心灵。虽然莫扎特的曲子也不错，但对孩子而言，妈妈的声音才是让他最安心的“音乐”，所以妈妈千万不要用自己的声音恐吓孩子。

话说回来，孩子总是会做出许多猝不及防的行为，让妈妈在一瞬间想要“啊！”的一声叫出来，所以妈妈经常会不自觉地发出“啊！”“不可以！”的尖叫声。比如对着尿床的孩子喊：“你又尿了！”“真烦人！”或者对打翻牛奶的孩子喊：“啊！住手！。”但是妈妈的这种责骂声，对孩子来说只会让他认为“妈妈生气了”，而不会认识到“自己做错事了”。如果妈妈发现自己不小心发出了尖叫声，一定要在事后温和地对孩子说：“妈妈刚才被吓了一跳，所以发出了很大的声音，对不起哦！”当孩子听到妈妈这样说之后，内心自然就能够感受到妈妈的温柔。

帮孩子将心情转化为语言

从出生的那天起，孩子就能灵活地使用五感，学习自己周围的事物。

看看、听听、摸摸，还要用嘴确认！

对婴儿来说，嘴巴是一个重要的感觉器官。

孩子眼中的世界，充满了各种刺激和发现，因而很容易改变感兴趣的对象。

最好能在孩子“发现”的瞬间，及时地对孩子说话。

比如……

想象着孩子的心情，用语言帮孩子表达出来。

还有这种时候……

当“想要传达”和“想要理解”亲密结合时，想必就是亲自对话的开始。

帮孩子将心情转化为语言

感情与语言的联结，就是沟通的开始！

即使对我们来说理所当然的事物，对婴儿来说也是令他感到震惊的对象。比如在婴儿第一次见到小鸡时，可以对受到惊吓的婴儿说：“那个是小鸡哦！会‘咕咕’叫呢！”还有在婴儿第一次来到游泳池时，面对一边害怕一边想将小脚伸进游泳池的婴儿，妈妈可以说：“凉凉的水很舒服哦！我们一起来玩吧！”这样主动对婴儿说话，可以使婴儿的生活丰富起来。妈妈不妨也把脚伸进泳池，和孩子一起享受快乐吧！当孩子和妈妈一起体验到快乐经历，与妈妈说过的话语联结时，孩子自然会对语言产生切实的感受。

此外，吃饭的时候也是让孩子学习语言的不错时机。在吃莲藕和花椰菜这类食物时，对孩子说："好硬啊，这个是莲藕哦！"在吃松软的面包时，告诉孩子："好软啊，这个是面包哦！"这样做的话，孩子的感觉和语言就联结到了一起。

妈妈主动和孩子说话的时候，对孩子来说是非常快乐的时光。被妈妈搭话的孩子，会高兴得眼睛炯炯有神起来。而妈妈看到这样的孩子，一定也会感觉十分幸福吧！

"今天"是个令人心情舒畅的好天气，春天的气息扑面而来，在晴朗的阳光照射下，绿地也变得更加夺目，让人不禁想外出散步。在散步的过程中，孩子如果对什么事物产生了兴趣，妈妈可以借机用语言教会孩子。这是个重要的学习过程，一定要避免以下的错误方法：当孩子还没踏出一步时，就对孩子说："啊！蒲公英！快看，快看！"根本不管孩子是否感兴趣，只是想教会孩子"蒲公英"这个词，妈妈就抢先一步说了出来。事实上，应该等孩子对蒲公英有兴趣的时候，再教他"蒲公英"这个词是最好不过的方法。

请回想一下，在孩子更小一些，你还推着婴儿车带孩子散步的时候，你曾让坐在婴儿车里的孩子独自欣赏着景色……这样做是为了让孩子用自己的眼睛、耳朵和皮肤，去充分感受这个世界不可思议的地方。没有错，现在也应该这样做。妈妈无论如何也不要为了教孩子词汇，而抢先孩子一步说话。这一点真的非常重要，尽情享受和孩子一起散步的乐趣吧！

享受绘本的乐趣

孩子最喜欢妈妈给他读绘本上的故事了！

对这样的人在此推荐一个好方法，那就是……

这样说的话，问题通常很容易就解决了。

不仅如此，还能够帮助孩子转换情绪。

为选书感到困惑……

其实只要是妈妈自己喜欢的书就可以了，读故事的方法……

可以加入一些猜谜的环节，形式是非常自由的。这是一种亲子的沟通方法，只要能乐在其中就可以了。

享受绘本的乐趣

随时读绘本，妈妈不要有压力！

绘本是拓展孩子语言世界的极佳工具。

当父母得知了绘本的重要性后，有时会过于认真看待。比如在购买绘本时，一定要购买年龄范围内的，就连读书的时间，也一定要在睡觉之前……其实并不需要拘泥于此，只要绘本的内容能让亲子享受一段快乐的时光，这就足够了。读故事的时间就选在孩子想听、妈妈也想读的时候就好。孩子有时会要求妈妈反复读自己喜欢的几页，返回前一页，或者直接跳到下一页。这个时候，千万不要对孩子说："妈妈现在不是正在读吗？你安静一点儿！"而是要配合孩子的节奏，一起享受读绘本故事的乐趣。

但是对妈妈来说，也会有感到疲惫不想读故事的时候。在这种时候，妈妈不需要勉强自己，而是要把自己此刻的感受真诚地传达给孩子："妈妈今天有点儿累了，只给你读一本书哦，而且只读一遍哦！"

让孩子自己选择绘本，是一件快乐的事情。如果孩子对这本绘本感兴趣的话，在翻开第一页的时候，就会表现得格外开心，一段愉快的时光就此开始了，因为这里有孩子喜欢的故事和图片。

在睡觉前读绘本，是非常不错的选择。躺在温暖的被窝中，感受来自旁边的妈妈读绘本的声音，这段时间对孩子来说是很珍贵的。而对妈妈来说，在日后也会常常回忆起这段温暖、美好的时光。孩子听着妈妈的声音，总是能安心地入睡。

绘本的魅力，就在于孩子所知道的事物，都会在绘本中出现。当绘本中出现孩子最喜欢的玩偶，或者他知道的汽车的图片时，孩子仅仅看到这些图案，就能够喜欢上一本绘本。绘本对孩子来说，就如同仙境一般，在打开绘本的瞬间，就能让孩子感到莫名兴奋。

读绘本的时间，对孩子和妈妈来说，都是非常幸福的时光。所以，也将这样的幸福时光分给爸爸一些吧！听爸爸读绘本的时候，一定可以让孩子体会到与平时不同的新鲜感。

练习成为声美人

用开朗的声音叫孩子的名字，用孩子容易听懂的声音对他说话，给孩子读绘本……这些都是妈妈的声音能大显身手的地方。请妈妈们利用专栏里的小技巧，让声音的练习变为“面部训练”吧！不妨和孩子一起练习，而且在泡澡时练习的话，会取得更佳的效果。

◆ “正确口型”的练习

一开始要先纠正口型，不妨站在镜子面前练习。

（一）将嘴巴张大、张圆，像是能一口吃下夹了两片肉的汉堡包一样，并且能垂直放入三根手指左右。

（二）将嘴角尽力上扬，想象着说“一”的时候，然后把嘴角提升到“无法继续上扬”的程度为止。

（三）做出噘嘴的动作，就像吹气球时一样，需要顺势发出“呼”的声音。

（四）舌头用力，和下巴一起向下压，发出“欸”的声音。

（五）上、下嘴唇的距离尽量张到最大。

◆ 温柔说话的五大重点

妈妈温柔的说话方式，能够稳定孩子的内心。忙碌或者焦急的时候，更应该注意用“温柔的说话方式”，这样做的神奇之处是，你的心情也会随之平静下来。

①缓慢的节奏

用孩子能够听懂的语速跟他交流，慢慢说话的好处是，妈妈的心情也能够不自觉地稳定下来。

②看着孩子的脸说话

在跟孩子说话时，记得确认孩子的表情，为的是把想要说的话，传达到孩子的内心。只有确认了孩子的表情，才能知道自己说的话是否在孩子的理解范围之内。

③说话时面带笑容

在和喜欢的人说话，或者感到开心的时候，我们会自然地流露出笑容，说话的声音也变得温柔起来。在其他情况下，我们也要保持这种意识，尽可能地面带微笑说话。

④语尾要柔和

在说“等我一下哦！”的时候，语尾的“哦”字发音越重，给人的印象越强硬；而用轻轻的声音说出来的话，就显得非常柔和。

⑤提高声调

在说“等下玩哦！”的时候，“哦”的音调向下降的话，听起来就很强势，但如果把“哦”字提高半个音调的话，就变成了温柔的声音。

Chapter 2
表扬与批评的方法

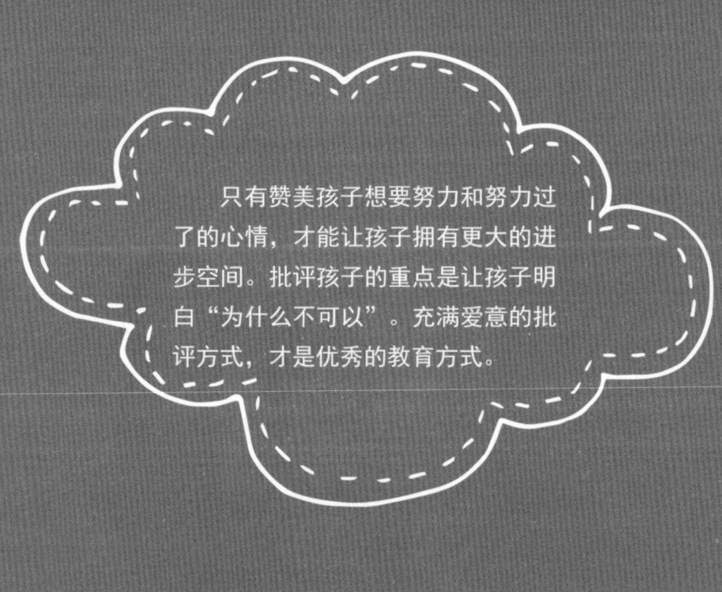
只有赞美孩子想要努力和努力过了的心情，才能让孩子拥有更大的进步空间。批评孩子的重点是让孩子明白“为什么不可以”。充满爱意的批评方式，才是优秀的教育方式。

赞美的正确方法

大人也喜欢被赞美

特别是被说到重点的时候，很容易继续展开话题，会让人感到开心。

对待孩子也同样如此，与其含糊地赞美孩子……

不如这样说……

具体的赞美才能使孩子感到开心，这样能够让孩子明白自己被赞美的原因。

但是也有孩子努力了，
仍然做不好的事情。

这时妈妈要赞美孩子的努力，这么做的话，数次之后……

帮孩子的时候……

不需要说出口，装作不经意地帮忙就可以了。

孩子因“妈妈时刻都关注着我”而感到安心，并且希望再次“得到赞美”，变得想要“更加努力”。这是妈妈对孩子温柔的守护哦！

赞美的正确方法

具体的赞美让孩子做事更加努力!

孩子得到了赞美，就会变得更加自信。这并不仅限于孩子，大人听到赞美，一样会变得自信。被别人赞美后，就会充满干劲，然后便会对赞美自己的人产生信赖之情，这是因为被赞美时让我们感到“对方一直在关注自己”。但有时孩子即使有了干劲，也无法达到理想的结果。这种时候，不要对孩子说：“你还是失败了！”而是要告诉他：“你已经努力过了！”毕竟孩子不像大人那样，不管什么事，只要努力就能做好，所以妈妈应该赞美孩子想要努力的心情。

孩子每一天都在成长，昨天还做不到的事情，也许今天就能做到了，孩子的成长就是这样充满着意外和喜悦。话说回来，孩子之所以能学会做一件事，多亏了妈妈的每一句“你很努力了！”和一直以来的不断鼓励。妈妈要做的是，注意观察孩子每日细微的变化，然后用语言来表达对孩子的认可。

妈妈赞美的话语，对于孩子能力的发展来说，就像水分、营养与幼苗的关系。这棵幼苗发育成长后，就会开出“学会做某件事”的花朵，并且这是只属于那个孩子才有的可爱花朵。而且，赞美孩子的时候，也是促使孩子挑战问题或者新事物的机会。妈妈不妨看着孩子的眼睛，高兴地提出建议：“你会做这个了，真棒！下次挑战一下那个好不好？”听到妈妈这么说之后，孩子的眼睛一定会变得炯炯有神！比如，对刷完牙的孩子说：“比昨天刷得还干净哦！明天试试自己洗脸好不好？”这样做的话，孩子内心“想要努力”的幼苗，自然就会慢慢地成长。

赞美的语言，是一种让孩子和妈妈都感到幸福的魔法。“谢谢”也是一种极大的赞美之词，对身边的人说一句“谢谢”，会使对方感觉自己被认可，对孩子来说也是一样。虽然孩子并不是为了得到赞美而做什么事，但母亲的一句“谢谢”，就足以使孩子开心了。所以当孩子帮妈妈把鞋摆好，或者帮妈妈把筷子摆在餐桌上的时候，妈妈只要微笑着对孩子说一句“谢谢”，就能让孩子无比开心。当妈妈抱紧孩子说“谢谢”的时候，便是孩子和妈妈的幸福时刻！

赞美的禁忌

①赞美时将他与其他孩子比较。

这样做会让孩子感觉重点在于批评对方，而不是赞美自己。

但这样做的话……

将孩子的过去和现在比较，然后赞美，这样做是可以的。

②不但不赞美孩子，反而对孩子提出更高的要求。

孩子的成长是一个循序渐进的过程，尽情享受这个过程中的每一步吧!

就像杯子中的半杯水，

你认为它是“只有”半杯水，还是“已经”有半杯水了呢？这当中的道理是一样的。

③只用嘴赞美。

不管用了多少赞美之词，这种只动动嘴的赞美方式，只会让孩子感到很失落。即使在很忙的时候，也要好好看着孩子的眼睛来赞美。

赞美的禁忌

避免只看结果和比较的赞美！

赞美其实是一件非常难的事情。当发生了两件类似的事情时，赞美或不赞美孩子，完全取决于妈妈对这件事的看法，这是妈妈价值观的一种表现，所以赞美有各种各样的方式，也是可以理解的。虽然如此，但还是有一些“最好不要用来赞美孩子的方式”，这就是通过比较赞美的方式，如“她做得比较漂亮”“他跑得比较快”。我们对于事物的好坏，总是习惯于通过比较来评判。通过比较来看待事物的话，确实更容易做出选择，因为只需依据事物外在的好坏来做出判断。但是一旦养成这种凡事都看外表比较的习惯，就会忽略了隐藏在深处的“事物的本质”。

虽然结果不完美，但孩子为之付出的心意、干劲和精神集中力，才是最有价值的东西。妈妈要注意到孩子的这种努力，并去赞美孩子，如“形状虽然不好看，但这是你认真做出来的点心！”“虽然做得很慢，但为了送给妈妈，你还是非常努力地完成了！”“虽然毛巾被抽屉卡住了，但你还是想尽办法抽出毛巾、关上抽屉！”

妈妈如果被表面的假象迷惑的话，对孩子也只会说出“你做得比 A 好”或者“你做得比 B 快”这样的话，但这些话根本不能鼓励到孩子的内心。“赞美的教育法”是非常重要的育儿方法，不过也存在一些你认为好，但事实上对孩子不好的赞美方式，比如以下这些赞美方式：

· 不看孩子的眼睛，只用嘴赞美→即使被赞美，孩子也感受不到真正的喜悦。

· 不论什么，全都赞美→孩子将被赞美变成了一种目的。

· “好棒啊！”“真是乖孩子！”“真聪明！”→缺乏具体性，让孩子不知道在赞美什么。

不论是孩子听到赞美的话语时，还是妈妈说出赞美的话语时，都应该露出笑容。赞美这件事，代表着妈妈对孩子的认可，也是让孩子认可自己的一个契机。话说回来，呵护孩子心灵的妈妈，偶尔也需要听到赞美的话语，这时就让爸爸或者周围的人赞美一下自己吧！

提醒与批评

孩子是“活在当下”的小能手，
不在乎过去和未来，
眼睛里只有当下发生的事情。

轰

别的孩子正在玩，
我们稍等一下吧！

我也要玩！
我也要玩！

对孩子来说，“稍等一下”这句话，是最不靠谱的语言！

微笑超市

你只能买一个零食哦！咱们先约定好。

教会孩子做人的道理，
是父母应尽的义务。
可以的话，
在日常生活中
就一点儿一点儿地教导孩子。
比如……

要在买东西之前，
就和孩子“约法三章”。

在变成这种状况之前，就应该教育孩子要『遵守约定』。

当父母感情用事，态度变得强硬时，孩子也会做出同样的反应来抵抗，一定要注意这点……

提醒孩子才会产生积极的效果。

提醒与批评

批评是为了让孩子明白“为什么不能这样做”！

“为什么不能这样做”！

对好奇心旺盛的孩子来说，不论何时都感到有趣，是他们最在乎的，而根本不理会大人口中所说的“家教”“礼貌”或者“危险”，所以妈妈必须告诉孩子“为什么要这样做”的理由。

即使在出门前已经告诉孩子：“我们现在要外出吃饭，餐厅并不是玩耍的地方，你等下乖乖地安静吃饭哦！”可到了餐厅后，孩子仍到处乱跑。这种时候，大人们常忍不住大声批评孩子：“不许乱跑！”“你给我老实点儿！”但是，这么做并不能让孩子知道自己错在了哪里，于是便会再一次犯同样的错误。这时不妨抱住孩子，看着孩子的眼睛告诉他，他的行为已经对周围的客人造成了困扰。然后再告诉孩子：“吃饭时乱跑是不可以的，要好好坐在座位上吃哦！”这样，孩子才能认识到自己的错误。批评的意义在于，要把“为什么不可以这样做，这种场合应该怎么做”传达给孩子。

此外，孩子也不知道什么事情是危险的，所以当孩子做了绝对不能做的事或危险的事时，一定要当场严肃地批评他：“不可以摸！”这时妈妈的声音一般会很强硬，并且声音很大，所以事后一定要对孩子解释：“妈妈跟你说，这个东西……”告诉孩子危险的理由，让孩子明白“因为这个东西会这样，所以不可以摸”。

对大人来说，是可以判断“如果这样做的话，会发生危险，所以不会去做”“上一次搞砸了，所以这次我要注意了”这些状况的，但是孩子却不具备这种判断的能力，所以妈妈要在各种场合告诉孩子：“这里是……”并通过提醒或批评的方法，教会孩子应该怎么做。话说回来，妈妈也是个普通人，也会有控制不住感情，大声批评孩子“你又犯错误了！”的时候，即使发生了这样的事情，也是没有办法的。但是妈妈在事后一定要安抚孩子，可以抱住孩子，温柔地说：“对不起哦，妈妈刚才批评得有点儿过了。”

批评孩子的目的，不是让孩子感到“妈妈讨厌我”，而是要让孩子感到“妈妈认为我很重要”，通过批评来传达妈妈的爱意。为了帮助孩子区分什么可以做、什么不可以做，妈妈必须要学会“名为批评的爱的魔法”。

批评的技巧

爸爸和妈妈一起批评孩子的话……

会让孩子感到无处可逃。

我负责

扮黑脸？

当孩子哭着抱住你时……要温柔地开导孩子。

为了使批评更有效，不要过于唠叨。

已经习惯了！

左耳进右耳出

不论多么丰盛的料理，每天都吃的话，也是会腻的。

所以要在适当的时机，对孩子进行“真正的批评”。比如……

有关生命安全的时候

这种时候要
立即制止。

然后等孩子冷静一些
的时候……

因疲惫而感到烦躁时，
也会不小心对孩子发火。

批评孩子时，可以握住
孩子的手，以免孩子幼
小的心灵留下阴影。

批评孩子时，只能批评“他的错误行为”，要让孩子明白“我并不是因为讨厌你才批评你的”，这一点非常重要，一定要时刻记在心上。

批评的技巧

掌握批评的要点，让你的批评更有效！

不可以只看结果就批评孩子

孩子即使像大人一样努力，也有许多无论如何都做不到的事情。所以不可以只看结果就批评孩子："你怎么做出了这种事情！"虽然内心想责备孩子："你为什么要做这种事情？"但嘴上还是要用询问的口吻问孩子："你怎么想到做这种事情的呢？"

要让孩子明白自己被批评的理由

当你大声批评孩子“你干什么呢！”时，孩子一定会被吓得立刻安静下来，但这样做的话，孩子并不能明白“自己为什么被骂”，所以下次还会犯同样的错误。正确的做法是，批评孩子时，让他明白自己被批评的理由，告诉孩子：“这里是大家安静吃饭的地方，所以你也要安静一点儿哦！”

批评的语言要具体

“把房间打扫干净！”→“把玩具放进玩具箱里哦！”

“快一点儿！”→“电车就要开走了，我们走快点儿吧！”

批评要简短

像这样“跟你说了多少次了，还不会做！”“这个也不会做，那个也不会做，你看你刚刚……”不停唠叨的批评方式，很容易让孩子变得麻痹，往往左耳朵进右耳朵出。所以批评的话语要简短，并且只批评眼前的错误就可以了。

当场批评

以“那一次”“昨天”为开头的批评方式，对于岁数比较小的孩子来说，是绝对不可取的。因为那些很小的孩子，没有所谓的时间概念。所以当场就要批评孩子：“这个要这样做！”

不要进行比较批评

进行比较批评是绝对不可以的，如“人家的孩子好乖啊！”这样会使孩子逐渐失去自信。大人如果被拿来和别人比较，相信一定也会变得没有自信。

批评时不要借别人的名义

当孩子在公共场所哭闹时，你是不是也曾借他人的名义，批评过孩子？如“你看那个爷爷生气了哦！”批评孩子时，妈妈应该用自己的话说：“这里是大家安静休息的地方。”此外，像“回家后我要告诉你爸爸”这样的话，也是同样不可取的批评方式。因为这样说过多次后，会使孩子认为，只在爸爸面前小心谨慎就可以了，不听妈妈的话也没关系。

批评的禁忌

批评孩子时，有些话很容易脱口而出——

把饭吃干净！

给我老实点儿！

不可以这样！

给我守规矩一点儿！

原来我是一个什么都做不好的小孩儿……

威胁、命令的话语或者“不可以……”“给我……”等说话方式，都会使孩子失去干劲和信心。

等等！

换一种方式来表达：

把饭吃干净！ → 不要剩下食物哦！

给我老实点儿！ → 在座位上坐好哦！

给我守规矩一点儿！ → 不要总是说话哦！

用具体易懂的语言进行批评，能更清晰地将意思传达给孩子。

原来如此！

即使是威胁的话语，也尽量用肯定句来表达。

还有一些不小心脱口而出的话：

妈妈这样做的话，结果就会变得事与愿违。在批评孩子时，一定要清楚自己到底想向孩子传达什么，这样才能取得如期的效果。

批评的禁忌

避免命令和唠叨，采用状况说明法！

总被批评的孩子，心灵无法健康地成长。因为孩子幼小的心灵，会在妈妈的批评下逐渐枯萎，导致孩子将内心封闭，也就无法健康地成长了。事实上大人也是如此，如果总是被批评的话，就会沮丧地认为“反正我就是做不好”，甚至会不耐烦地想“你怎么又批评我？”，从心理上完全抵抗对方批评的话，最终变成一个面无表情、对许多事情都不感兴趣的人。妈妈们在工作的时候，在听到上司不断地批评你“这样做不行！”“能不能做快点儿！”

后，也会变得不想工作，对自己失去信心了吧？于是，自然就会对上司封闭起自己的内心。

为了不形成这种局面，妈妈在批评孩子时，不要忘记向孩子传达爱意，如“妈妈是因为太爱你了，才会批评你”“你是我重要的宝贝”这些话，对被批评的孩子来说，是非常重要的。

一天晚上，四岁的儿子在睡觉前，对妈妈说了这样的话：“妈妈总是在生气。”等孩子睡着后，妈妈突然在意起了刚刚的那句话。在这之前，妈妈的脑子里全是“要帮孩子洗澡”“要帮孩子的爸爸准备便当”“要熨烫一下衣服”这些需要做的事情。而孩子入睡后，妈妈的心情才放松下来，注意到了这一问题，也想明白了为什么儿子认为“妈妈总是在生气”，因为从早上开始，自己就对孩子喊：“赶快把这个做好！”“不能做那个！”像这样一直下达着指示和命令，从没和儿子好好玩耍过一次，每天做的只是不停地命令孩子。

为了避免这种情况的发生，妈妈需要记住这个诀窍，它会使批评变得高效，让妈妈在一天之内少说几十次的“快给我……”“不可以……”“快一点儿！”这一诀窍就是：批评时，不对孩子下达命令，而是进行状况说明。

“快点儿睡觉去！”→“已经八点了哦！”（八点是约定好的睡觉时间）

“赶快来洗澡！”→“妈妈在浴室等你哦！”

不用“快点儿给我……”这样命令的口气，而是采用说明状况的方式，能够培养孩子做事的自主性。

声美人的遣词用句

说话时要注意选用的词语，反正也是要说这句话，为何不用让对方乐意接受的方式说出来呢？让我们巧用语言，制造幸福的每一天吧！

◆ **使用正面的词语**

妈妈如何看待事物，如何用语言表达事物，决定着给孩子的内心带来什么样的心理影响。

· “好冷啊！真是讨厌！”

→“真冷呀！我们把手牵紧吧！”

·“赶快把鞋穿好！”

→“看！你的右脚已经穿进鞋里了！”

·“吃饭时不要说话！”

→“饭菜要慢慢咀嚼哦！”

·“点心吃完了！”

→“点心吃完了！真好吃！”

·“要下雨了，赶快走！”

→“要下雨了，我们赶快走吧，以免被淋湿！”

·“早安！”

→“早安！妈妈今天还是那么喜欢你！”

◆ 选择让妈妈自己也感到幸福的词语

语言就算不说出来，仅在脑海中思考，也有对自己的内心产生影响的可能。当脑海中浮现了负面的词语时，赶快说出一些积极正面的词语抵挡住吧！

·（早上在被窝里）“啊，怎么又到早上了！”

→“新的一天到来了，要努力啊，起床吧！”

·“今天也要做便当……”

→“今天也要做便当，那就煎个好吃的荷包蛋吧！”

·“今天才周二啊……”

→“今天是周二，啊，今天播出我最喜欢的电视剧！”

·“早上开始就感觉很烦躁。”

→“早上开始就感觉很烦躁，喝杯咖啡提提神好了！”

·（超市的收银台前）“真倒霉，这个收银员动作也太慢了！”

→“真倒霉，这个收银员动作也太慢了！啊！我还是不要说‘真倒霉’这样的话了。”把这句话像咒语一样重复说给自己听，因为想着“真倒霉”的时候，只会加深自己眉间的皱纹。

·（在超市的镜子里看到自己时）“我好像又变老了！”

→“我好像又变老了，下次去美容院时，做个新发型吧！”

Chapter 3
不需要说“不可以”

在听取孩子内心想法的同时，也要懂得采取明确的拒绝态度，这样才能让孩子理解这个决定，并心甘情愿地接受。

“不可以”的表达方法

幼犬都是通过和其他幼犬玩耍，来学习力道的使用。

汪！汪！（对不起！）

汪！汪！（这样很疼！）

一起玩耍，甚至轻咬对方……

人类的孩子也一样，要通过日常生活，来学习分辨事物的善恶对错。

微笑

这个好像很好玩……

这是个打开就会被骂的容器。

所以在教育孩子“这件事不可以做”时……

不可以！

不要用强硬的方式，直接对孩子说“不可以！”（除此之外，也不要用可怕的声音），而是要用孩子容易接受的方式。

我要买这个！

给我买那个玩具！我想要！

当孩子开始吵闹时……

我们只带够了买菜的钱，没有多余的钱买玩具，不信你看！

不妨直接打开钱包让孩子看一眼，当孩子吵着要买零食时，也可以这么做。

你看，已经被我们吃完了！

我们明天再买！

让孩子有一个快乐的期待。

或者……

啊！妈妈也还想吃啊！可惜没有了。

——妈妈也表现出和孩子一起忍耐的样子。

方法不是唯一的，要根据不同的场合，选择适合孩子的方式。

“不可以”的表达方法

不必说出“不可以”！

当孩子做了“不可以”的事情时，正是妈妈和孩子沟通的最佳时机。虽然告诉孩子不可以这么做的理由也十分重要，但在这背后，还隐藏了一个更重要的课题，那就是要能理解孩子的心情，并将妈妈自身的心情也传达给孩子。话虽如此，但现实是：妈妈每天都很忙，根本没有时间思考这个课题。不过即使再忙，妈妈也不要每天都用强硬的语气对孩子说“不可以！”，偶尔观察并思考一下孩子内心的需求吧！

当孩子吵闹着“给我买这个零食”时，实际上只是怀着一种“想对妈妈撒娇”的心情，虽然孩子确实有“想吃”的欲望，但是更想试探妈妈是否会接受他的要求。在一般情况下，当孩子吵闹着“给我买这个零食”时，妈妈都会说“不能让你变成一个任性的孩子”或者“必须要严格管教你”，所以拼命地告诉孩子“不可以”，用盖过吵闹声的强硬语气来威吓孩子。

妈妈可以尝试换一种方法，眼睛直视着吵闹的孩子，对他说：“你想吃零食了吗？”这时，妈妈一定会很在意周围人的眼光，但比起周围人的目光，与孩子进行情感上的沟通更为重要，不妨继续对孩子说：“我们今天不是说好了不买的吗？我们买完东西后，回家吃家里面的零食吧！”向孩子传达你此刻的心情。如果孩子因此大哭不止，也不可以心软和急躁，要向孩子传达“今天不会买”的明确态度，或者转移孩子的注意力也是一种方法，比如对孩子说：“来帮妈妈挑洋葱吧！”也可以尽快买完菜，在走出超市后，抱住孩子对他说：“你遵守了不买零食的约定，真棒！”

在理解孩子心情的同时，表达明确拒绝的态度，这样才能让孩子理解并接受这个决定，慢慢懂得“并不是所有事情，都能按照自己的想法去做”。

“不可以”其实是一句非常不可思议的话语，对大人来说也是这样，当你有了什么想要的东西或者想做的事情，一旦被人说了“不可以”时，就会觉得那样东西或者那件事情越来越有魅力，变得“无论如何都想要得到或者做到”。可见大人也很难接受“不可以”这句话。所以想让孩子因为“不可以”这句话，就放弃想要的东西，是一件非常困难的事情。

让孩子伤心的话语

今天有客人要来，
妈妈从早上就开始忙碌。

这些话是一不小心说出口的，
但正是父母脱口而出的一句话，
就能让纯真的孩子信以为真。

在批评孩子时，像“坏孩子”“惹人烦的孩子”这种全盘否定孩子的话，千万不能说。

应该确实向孩子道歉，
即使是还不会说话的小孩子，
也能够通过肢体接触，
感受到来自妈妈的爱。

让孩子伤心的话语

让孩子感到伤心，并不是亲子沟通的本意！

伤害孩子的话语，通常是在“忙碌或者烦躁的时候，不经思考就脱口而出的”。这些伤害孩子的话语，会让孩子对母亲的爱感到不安，也同样会伤害到妈妈自身。特别要注意以下的这些话。

像“真是没用！”“一点儿都不可爱！”“胆小鬼！”等，全盘否定孩子的话。

对妈妈来说，这些话是最容易在一瞬间脱口而出的，却让单纯的孩子误以为，这才是妈妈对自己的真实看法。所以，当妈妈想说“讨人厌的孩子！”“一点儿都不可爱！”时，马上想想“怎么说也是我的孩子”，然后收回那些全盘否定的话语。

“我不管你，你随便吧！”“再闹就把你扔在这里！”“要哭你自己一个人哭去！”

这样说的话，会让孩子认为，自己最喜欢的妈妈真的要抛弃自己，于是感到强烈的不安。但事实上，妈妈又不会不管孩子，这就让孩子感到混乱。当孩子不停哭闹，怎样劝说都没用的时候，不妨抱住孩子说：“你看那里有你最喜欢的小狗，咱们去看看吧！”“公交车来了，快走吧！”通过其他的事情，来转移孩子的注意力，有时会让孩子忘记自己哭泣的原因。

“讨厌！”“笨蛋！”

草率地说出的这种话，对大人来说，听到后就算受到了伤害，也能够自己处理好情绪，但孩子却做不到。如果不小心对孩子说了“讨厌！”“笨蛋！”这样的话，要赶快抱住孩子，向孩子道歉：“真的很抱歉，妈妈其实最喜欢你了！”

“要是没生你就好了！”“你去做别人家的孩子吧！”

感到失落，特别是想获得自由或倍感疲惫的时候，会不经意说出这种话来，但孩子是无辜的，这种话只会让孩子想到“妈妈讨厌我了，会不会抛弃我？”所以是绝对禁止的话语。

心里越想着“要当一个好妈妈”，就越会给自己施加很大的压力，于是便在无意中，脱口而出了那些伤害孩子的话。为了避免发生这样的情况，平时就应该多告诉自己“不用那么努力也可以”，放松自己紧张的神经。为了不说出“伤害孩子的话”，妈妈也要提醒自己不可过于敏感。

孩子失败的时候

和孩子一起做事情，总是会比妈妈一个人来完成，更加耗时、耗力。

千万不要说这种话，“失败”的时候，正是孩子学习的绝佳时机。

在旁边陪着孩子时，一起思考如何才能把这件事做好。

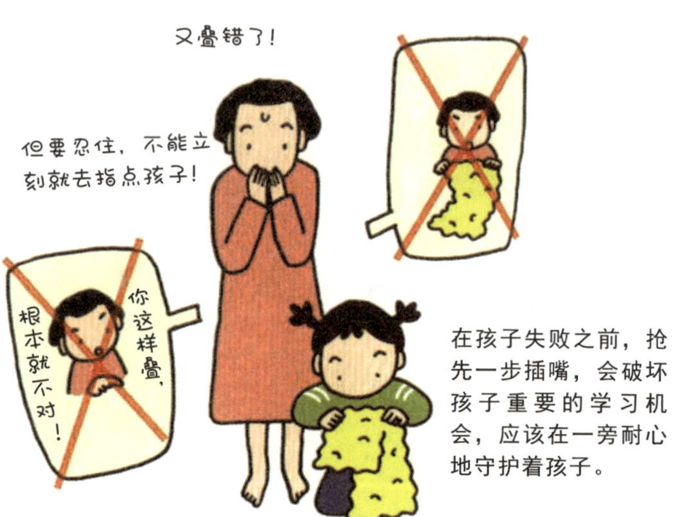

在孩子失败之前，抢先一步插嘴，会破坏孩子重要的学习机会，应该在一旁耐心地守护着孩子。

此外，要珍惜孩子想要帮忙的心意。

这样，孩子下次一定会想要更加努力，总有一天能够真正帮助妈妈排忧解劳。

孩子失败的时候

将着眼点放在过程，才能使孩子勇于挑战！

例如，当孩子想要帮忙的时候，却总是帮倒忙，孩子当然不能像大人一样做得那么好，但当妈妈忙起来的时候，就会忘记这一点，所以当过来帮忙的孩子没做好，或者没有达到妈妈预期的成果时，就会不经意地说出“不用你帮忙了！”“你怎么做成了这样！”这种的话。

再举一个例子，当妈妈正在准备晚饭时，孩子也想来帮忙。因为孩子是真心想要帮助妈妈，所以会拼命地做各种事情，结果不小心把盘子里的菜打翻了，于是妈妈就会指责孩子：“啊！我又要重新炒菜了，早知道不应该让你帮忙！”对于正在忙碌的妈妈来说，很容易说出这样的话，也正是这样的话最伤孩子的心。然后妈妈在忙着收拾残局的时候，又对孩子抱怨道：“真是受够你了！”你想想孩子此刻会是什么感受呢？恐怕孩子以后就会厌烦帮助妈妈，甚至丧失了自信心。

任何人都会有失败的时候，特别是孩子更容易出错，所以当孩子做事失败时，懂得用温柔的话语来劝慰孩子，是非常重要的。妈妈不应该责备孩子的失误（即使是不难做到的事情），而是要感谢孩子想要帮忙的这份心意。比如“谢谢你来帮妈妈！刚刚打翻了菜吓一跳吧？妈妈现在去擦干净”，或是“谢谢！你能帮妈妈把这个拿过去吗？”让孩子拿一些不容易打翻的东西，能够使孩子认为“自己也可以派上用场”，从而有成就感。

没错，对待主动帮忙的孩子，首先应该说一句“谢谢”，即使结果是失败的，但还是要向孩子传达“妈妈好高兴啊！”“你帮了妈妈一个大忙！”的想法，对孩子的体贴表示感谢。

妈妈的一句“谢谢”，对孩子来说是最珍贵的宝物，妈妈也是如此，在听到孩子的“谢谢”后，也会洋溢着满满的幸福感。

妈妈对“失败的孩子”表示感谢和欣慰，能够缓解孩子因失败受到的打击。不要在意孩子失败的结果，多多关注孩子想要做好的干劲吧！要是忙碌的妈妈仍能做到这一点，那真的很棒了！

不小心大骂孩子

和现在不同的是，以前教育孩子，会有很多人一起参与。

在妈妈做家务的时候，会有其他人帮忙照看孩子。

因为当时都是大家庭。

兄弟姐妹也能够帮忙照顾孩子。

就教育孩子这方面来说，以前的妈妈有更富裕的资源。

但是当今都以小家庭为主，只能靠妈妈一个人照顾孩子。

在生活中，当孩子说了任性的话，或者不听话的时候……

——父母就会变得情绪化，而一旦情绪化……

给我！

就很容易用暴力迫使孩子听话……

当“不小心”“不知不觉中”骂了孩子的时候……

妈妈刚刚那么大声骂你，真是对不起！

一定要坦率地对孩子道歉！

孩子也明白自己“做错了”！

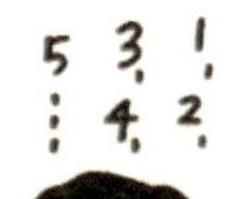

当控制不住情绪的时候，尝试从 1 数到 10，让自己冷静下来。

但也有必须严厉指责孩子的事情，比如：

①危险的事情

②伤害他人的事情

③让他人困扰的事情

（不要忘记告诉孩子批评他的理由。）

不要将自己逼得太紧，对孩子采取开朗的态度吧！

不小心大骂孩子

不要有压力，很少有妈妈做到从不骂孩子！

世事很难按照自己的设想顺利地进行。总是拥有充足的精神与干劲，或者永远没有烦恼的人，几乎是不存在的，毕竟谁都会有失落、焦躁，导致无法控制自己情绪的时候。

特别是在教育孩子的同时，妈妈还要做家务，像是一直在追着时间跑，不仅如此，妈妈还面临着“要把孩子培养成一个优秀的人”的巨大压力。所以，当孩子没有按照自己的设想做事时，就会很容易对孩子大怒，或者无视孩子，说出一些伤害孩子的话语。

妈妈是否也有过以下的经历呢？当你好不容易给孩子穿好衣服，对孩子说“来，把鞋穿上，我们出门了”的时候，孩子却吵着“我不要穿这件衣服！”坚持要换另一件自己喜欢的衣服，即使那件衣服已经脏了，或者洗好了正晾在衣架上还没干。于是，孩子对站在门口着急的妈妈说道：“我一定要穿那件衣服！”接着很容易产生这样的对话，“快赶不上公交车了，就穿身上这件衣服吧！”“我不要！”“那妈妈走了，你自己随便吧！”最终妈妈认为无法和孩子沟通，忍不住大骂孩子“不许闹了！”然后一把抱起孩子就往外走，但事后却又觉得“好像有些过分了”。对于打乱自己行程的孩子感到愤怒，无视了孩子当时的诉求，甚至说出了伤害孩子的话……相信妈妈们都有过这样的经历。

孩子总是和妈妈在一起，又是亲子关系，所以妈妈很容易迁怒于孩子，而绝不会对其他人发怒。这样仔细思考一下的话，大骂孩子或许正是“妈妈对孩子撒娇”的一种行为。不过，如果这样的情形持续下去的话，妈妈或许会认为“我是一个无能的母亲”。在看到孩子天真的脸庞后，又会心生“真是对不起他”的情感，不过这都没关系，如果妈妈因此察觉到“我大概是累了，要赶快转换一下心情”，能重新审视一下自己的话，大骂孩子的行为，也算是带来了积极的作用。

妈妈不如怀着“不完美也没关系”的开朗心情，偶尔“偷懒一下”吧！这样做的话，能够使身心疲惫的妈妈得到拯救。

对孩子坦诚

你是否因经常想着“必须要成为优秀的父母”，而不断逼迫自己呢？

没有人是完美的，作为父母会犯错误、会迷茫，都是很正常的事情。

重要的是，不能敷衍、欺骗孩子。比如夫妻俩在孩子面前吵架时……

“我们不是讨厌彼此才吵架的，是为了使关系变得更好而进行交流！”

（父母尽量不要在孩子面前吵架）

要尽快圆场，坦诚地告诉孩子，并且……

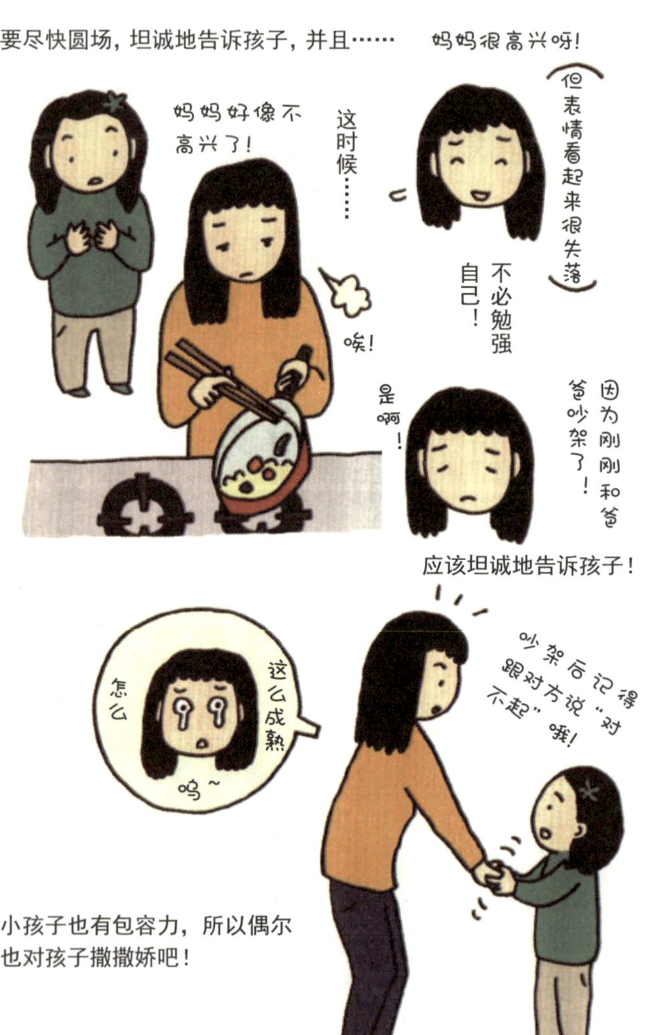

小孩子也有包容力，所以偶尔也对孩子撒撒娇吧！

对孩子坦诚

千万不要敷衍孩子！

对于妈妈来说，有时候会“不小心忘记”和孩子约定好的事情，这是可以理解的。但是妈妈应牢记这一点，就是与孩子沟通时要坦诚相待。

有一天，孩子对妈妈说道：“妈妈答应晚饭后给我喝果汁的，但根本没给我果汁！”妈妈听到后，却回答孩子：“不要喝了，赶快睡觉吧！”这种事情对大人来说，根本不算什么，因为大人懂得很多语言词汇，能够巧妙地掩饰自己的“不小心”，或是强行让孩子接受，利用语言来逃避问题。

“等一下哦！”“下次再说吧！”“哪天再买吧！”“别管为什么照做就是！”“我说过这种话吗？”这些都是妈妈经常给出的回答。但是，即使对方是孩子，当妈妈发现自己忘记了和孩子的约定后，也应该诚实地道歉：“妈妈忘记了和你的约定，对不起哦！”如果妈妈总是逃避问题的话，会让孩子的内心产生负面的想法，认为“不遵守约定也没关系”“妈妈总是敷衍我，好难过”。

还有这种情况，孩子对妈妈说：“我想和妈妈一起折纸！”而妈妈回答：“等一下哦！”听了妈妈的话，孩子等待了一会儿，便来催促妈妈：“妈妈，已经过了一会儿了，咱们一起折纸吧！”但是因为到了傍晚，妈妈要忙着准备晚饭，只好对孩子说：“吃完晚饭再折纸吧！”等到吃完晚饭，孩子又来询问妈妈：“妈妈，我们一起折纸吗？”结果却得到了这样的回答：“明天再折吧！”这样做会使孩子不知道如何是好，脑海中一片混乱。对妈妈来说，认为这不过是折纸而已，但对期待着和妈妈一起愉快玩耍的孩子来说，妈妈所说的“等一下哦！”“吃完晚饭再折纸吧！”都是非常神圣的话语。

所以妈妈不要随便敷衍孩子，而是诚实地告诉孩子：“妈妈正在忙着准备晚饭，等一下哦！”“已经说好了睡前要给你继续读绘本的，所以明天再玩折纸好吗？”身为妈妈，也有“做不了的事情”和“做不到的时候”，这时不妨向孩子撒娇，但切记不可以敷衍孩子或者逃避问题，要坦诚地告诉孩子“这件事确实做不到”。

孩子开始模仿大人

孩子是通过模仿，不断成长的。

“模仿”这一行为，代表着对他人产生兴趣或者憧憬。

越是不希望孩子模仿的语言，孩子越是会很快学会。

口气和声调都模仿得一模一样。

即使已经察觉到“啊，不好！”也来不及了，因为越是不想让孩子模仿的东西，孩子就学得越快。

孩子其实只是在享受父母有趣的反应而已，并没有什么恶意，家长最好的做法就是不去理会。

此外，妈妈很容易在孩子模仿之前，就抢先插手或者插嘴。

这时应该在一旁忍住，尊重孩子想要自己动手的干劲。

等孩子主动求助的时候，再开始帮助孩子。感受“乐趣”，是孩子成长中最重要的环节。

孩子开始模仿大人

不用过于担心，请在一旁默默守护孩子！

妈妈小时候明明也有许多做不好的事情，但成为妈妈后却忘得一干二净，对孩子做的事情总想要插手或者插嘴："不是这么做的！""不对！"

当孩子开始模仿大人时，正是孩子萌生求知欲的开始。即使孩子刚开始做得不够好，也请家长在一旁默默地守护着孩子，孩子此刻希望"自己也能像大人一样做事"，认为"成为大人的感觉真好"。比如当孩子看到大人从钱包里拿钱买东西的时候，就会羡慕地认为“真好呀！”于是，便会在过家家游戏中时，模仿从钱包里拿钱买东西的动作。对孩子来说，能和大人做到同样的事情，会给他带来巨大的喜悦。

当妈妈把打扫工具交给孩子时，孩子也会非常开心，但孩子当然还不会打扫，这时妈妈要是对孩子说：“你不会打扫，还是我自己来吧！”把打扫工具从孩子的手里要回来的话，会让孩子受到很大的打击。但如果对孩子说：“妈妈来打扫这里，你去擦屋里的桌子，好吗？”做到尊重孩子主动打扫的意愿的话，孩子就会开心地答应妈妈。

还有当孩子学会了使用剪刀，为能剪出各种形状的纸片感到开心时，妈妈却在一旁指指点点：“这里要沿直线剪！”“不对不对，长度必须要一样！”比起用剪刀玩耍的乐趣，孩子更在意妈妈说的话，因此也就感受不到剪纸带来的快乐了。即使孩子剪得并不漂亮，妈妈若能在一旁微笑着守护孩子的话，状况就会发生改变，孩子会为了感受剪纸的乐趣，付出很大的努力，这样下一次就能够剪好了。当孩子熟练使用剪刀后，妈妈若做到在一旁称赞孩子：“你已经会剪像山一样的锯齿形了！”那就再好不过了。

在一旁默默守护着模仿大人行为的孩子，然后给予孩子适当的认可，这样便能提升孩子学习的欲望。对于学习任何事物都很快的孩子来说，大人说的话、做的事，都是他感兴趣的对象，包括大人不愿意让孩子模仿的行为。于是，大人为纠正孩子的行为，感到越来越辛苦，但当孩子长大后，这说不定也能成为一个好笑的笑话：“你小的时候，居然模仿妈妈做过这种事，当时真是让人哭笑不得呢！”

妈妈要放松！放松！

为了每天都能开心地度过，为何我们不自己去制造一些快乐呢？虽然人们总是不能自由地外出、任性地花钱，受到种种的限制，但在这些限制中依旧能找到乐趣，正是成熟女性的做事风范。放松心态，寻找能使自己感到快乐的方法吧！下面介绍几种帮助妈妈放松的好办法。

◆ **在孩子睡着后，放松一下吧！**

· 偷吃一块白天藏起来，不想让孩子看到的巧克力。

· 偶尔和丈夫小酌一杯。

· 观看自己喜欢的电视剧。

· 网上购物，从网上买一些喜欢的书籍。

· 细细品味自己喜欢的作家的书。

· 或许感觉有点儿奢侈，但偶尔吃一次又有何妨？品尝一些高级的点心吧！

◆ 创造一个属于自己的时间

· 孩子白天睡觉，或者自己准备完晚饭、打扫好房间后，喝杯咖啡休息一下。

· 如果和娘家离得比较远，那就结交一些能让你安心托付孩子的邻居或朋友。

· 偶尔和丈夫聊一聊孩子以外的话题。

· 即使一个小时也好，把孩子交给丈夫照顾，去趟美容院，再和朋友一起吃个午餐。

· 和自己的父母或朋友畅谈一番，心情自然会舒畅。

◆ 稍微在意一下自己的外貌

·整理一下自己的头发，用香喷喷的洗发水洗头，再用护发素滋润一下秀发，护发素可以选择免洗的，这样能节省不少时间。

·去化妆品店买回面膜，一周滋润一次自己的肌肤吧！在敷面膜的五分钟里，会感到“皮肤变滋润了，心情也随着滋润了”。

◆ 养成美人的说话习惯

设想一句感到烦躁时的“密语”。为了不让自己的脸上露出凶狠的表情，设想一句让心情变好的简短话语，然后在心情不好时，像咒语一样念出来。

·“微笑，微笑！”

·用孩子听不到的声音说：“冷静下来、冷静下来！”

·深呼吸一口气，数“1、2、3……10”。

·“上扬嘴角！”

·反复念：“渐渐感觉开心了！”

·“别在意，别在意！”

好好教育小孩，当小孩的榜样
保持开朗、体贴、乐观

Chapter 4

将孩子从危机中拯救出来

吵架是孩子学习建立社交与人际关系的好机会，也是成长的一个重要组成部分。有时妈妈即使看到孩子们在吵架，也不一定非要上前阻止。

孩子间的吵架

孩子间的吵架，有时父母看不下去了，就会忍不住插手……

这样就为下一次的吵架埋下了种子，所以还是尽可能站在孩子附近，默默守护着他。

有时孩子们能够自己解决问题，通过吵架学习处理社会中的人际关系，证据就是比如当一方大哭时……

不要袒护自己的孩子！

呜哇……

把对方弄哭的孩子，内心充满着“真对不起对方”的歉意。

也不要批评孩子或者强迫孩子忍耐。

看起来也要哭了。

如果必须要介入孩子间的吵架，不要忘记站在公平的立场上。

孩子间的吵架

吵架是建立社交关系的过程！

当妈妈看到自己的孩子和其他孩子抢玩具时，总会不自觉地介入其中，对自己的孩子说：“把玩具让给对方。”但孩子却认为，妈妈总是不讲道理地就把自己的玩具借给别人玩。于是，孩子就会产生“我的玩具被抢走了，一定要找机会抢回来”的想法。所以当妈妈不在时，就会再次发生抢夺玩具的情况。然后当下次有朋友来家里玩时，孩子就会把玩具全部藏起来以消除“玩具会被抢走”的不安感。

抢夺玩具是让孩子学习，每件事不可能都按照自己的想法进行，必要时需要和他人进行沟通协调，才能解决问题的重要机会。通常的情况是，当孩子们吵架时，妈妈会立刻制止："不可以吵架！""别吵了！"孩子通过吵架，能够学习社交和处理人际关系，所以只要孩子在妈妈能够看到的地方吵架，即使不去介入调解也没有关系。与其去禁止孩子们吵架，不如在一旁默默守护孩子，这样反而能减少吵架的次数，扩展孩子的社交关系，收获意想不到的结果。

孩子们每吵一次架，关系就会加深一层。所以妈妈只要在一旁守护着，询问孩子"为什么要吵架"，然后倾听孩子的理由就可以了。但是，如果孩子的朋友 A 在 A 的妈妈面前哭起来的话，身为妈妈的你，还是会感到惊慌失措吧？对"我家的孩子是不是太暴力了"而感到不安。但实际上，把对方弄哭的孩子也在反思"我是不是做得有些过分了？"而哭泣的孩子也会萌生"下次绝不输给你"的勇敢想法。吵架对孩子来说，能够教会他如何与他人建立良好的关系。

不过当对方是比较小的孩子时，自己的孩子可能无法掌握分寸，这时就需要大人出面进行调解，询问："发生什么了？"妈妈在孩子们吵架时担任的角色，就是守护着孩子、关心孩子的心情，至于“怎么解决问题才好”，要交给孩子自己去思考。在明白不是所有事情都会按照自己的想法进行后，孩子就会慢慢懂得理解他人感受的重要性，从而学会体贴和关心他人。把吵架看作是孩子成长的一个重要环节，妈妈自然就能够接受了。

另外，这样思考如何呢？假如妈妈你自己来到了一个语言不通的国家，与当地人发生了争执，这个时候，你会不会也为了表达自己的想法，而加大音量、激动地用手比画呢？如果用这个观点来看待孩子间的吵架的话，或许就能够豁然开朗了。

不好！孩子们打架了！

无法熟练使用语言的小孩子间，经常会出现激烈的打架。

由于无法用语言表达想法，就会逐渐积攒压力导致暴力，但家长一定要教导孩子『不可以采取暴力的手段』。

妈妈先向对方道歉，孩子看到后，自然也就学会了如何道歉。
对不起！
如果孩子还是不想说『对不起』的话……
STEP3
向孩子询问解决办法！
他说很疼，
你打算怎么办？
…
如果孩子说出了“对不起”，一定要大力赞扬他。
你已经学会承认错误了！真棒！
嘿嘿！
对不起喔！
我也要向你道歉！
其实孩子很快就会和好，也不会记仇。

不好！孩子们打架了！

保持公平与冷静，教孩子如何和好！

孩子的语言能力还未完全发育好，所以当自己的玩具被朋友拿走时，经常会立刻出手攻击对方。如果是大人的话，会说：“不好意思，下次可以借给我玩吗？”很擅长用语言沟通，但孩子却做不到，只要“想要玩具”，就会从朋友那里抢过来。而玩具被抢走的孩子，当然也不会说：“好啊！让给你了。”只会打架或者大声哭闹，因为这就是孩子之间进行沟通的方法。

但是，孩子之间即使互相拉扯、出手打架，也不会像大人那样事后记仇，很快便会和好，再次一起愉快地玩耍，让大人十分惊讶。所以只要不发生非常危险的事情，妈妈就算不强行介入，也不会有什么问题，就在一旁守护“孩子的成长机会”吧！话虽如此，但很多时候妈妈还是忍不住批评孩子：“不可以这样做！”特别是对方的父母在场的时候，有时吵架的原因或许是由对方引起的，所以需要注意的是，要批评做错事的那一方，并教会孩子们和好的方法，尽可能保持冷静，告诉他：“你打了别人是不对的，赶快道歉。”

此外，当孩子打了对方时，妈妈要对孩子说：“他被你打了，感觉很疼呢！”要让孩子理解对方疼痛的感觉，这样孩子就能学会力道的使用，并懂得不应用暴力来实现自己的愿望。同时，妈妈也要关注被打孩子的感受，温柔地问句：“玩具被抢走了很难过吧？”或者“刚刚被吓了一跳吧？”这样做能让因被打而哭泣的孩子，感到自己的心情被理解了，从而情绪逐渐稳定下来。

孩子之间经常会吵吵打打，而且发生在预料之外，使妈妈为此感到震惊，陷入自责之中：“都怪我没有看住孩子。”但是，妈妈无需感到不安和震惊，不然这种情绪也会影响到孩子，让孩子感到不安。在吵吵打打的孩子面前，保持一颗平常心是很难的，所以，妈妈们，努力吧！

还有一点也很重要，大人不要在自己的孩子面前，说对方孩子的坏话。因为孩子们都不喜欢别人说他朋友的坏话，比如对孩子说：“A 真是个讨人厌的孩子！”或者当着孩子的面，对孩子爸爸说：“他的朋友 B，真是个惹人嫌的粗暴孩子！”这些都是万万不可的。即使是吵过架的朋友，对孩子来说仍然十分重要。

互相争宠的孩子

对孩子来说，兄弟姐妹是无法替代的玩耍伙伴，
也是围绕着自己最喜欢的妈妈的竞争对手。

如果总袒护妹妹，
哥哥就会闹别扭了，
不要忘记偶尔也袒护一下哥哥。

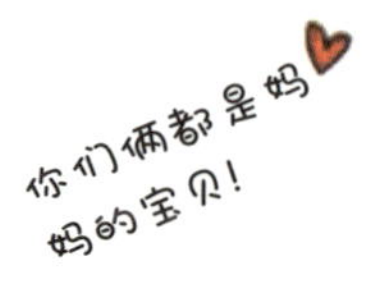

让妹妹也学会忍耐，同时哥哥知道了妈妈是爱自己的，会感到安心。

让哥哥来帮忙
照顾妹妹。

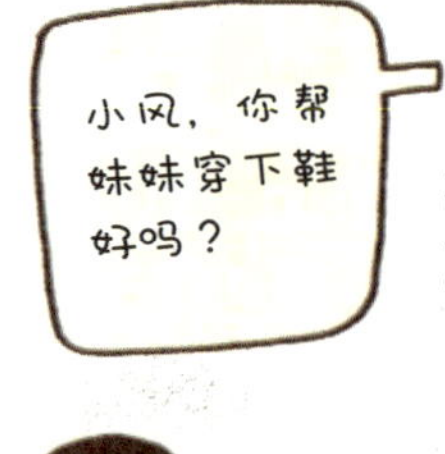

有时会自然引出孩
子作为哥哥的自觉

即使是兄弟姐妹，也应注
意分别看待每一个孩子，
认真培养他们的个性。

互相争宠的孩子

降低竞争意识，培养孩子的个性！

兄弟姐妹之间的吵架，其实只是为了争夺妈妈的爱。比如因抢夺玩具吵架时，孩子们比起“想要玩具”，更想知道“妈妈会袒护哪一边”，所以千万注意不要用“你是哥哥”这样的话，来强迫孩子交出玩具，有时有意识地偏袒一下哥哥，反而会使哥哥对妹妹更加温柔。

此外，像“你看哥哥就能完成”或者“你看妹妹都可以做好”这样的比较批评，妈妈们是否在不经意间说过呢？由于兄弟姐妹天天朝夕相处，很容易被拿来作比较。但是，妈妈的这种批评方式，达不到任何效果，只会让听到“你妹妹都能做到，你却……”的哥哥，认为妈妈其实更疼爱妹妹，并且今后都不再觉得妹妹可爱，做任何事都想着如何让妈妈更疼爱自己。

妈妈应偶尔创造出和哥哥两人相处的时间，让哥哥感到“即使妹妹出生了，妈妈还是像以前一样喜欢我”。此外，也可以让哥哥帮忙照顾妹妹，比如可以对哥哥说：“能帮忙照看一会儿妹妹吗？”“帮妹妹拿条纸尿裤来好吗？”如此一来，可以降低哥哥心中“与妹妹敌对”的竞争意识。

长子与次子的关系，正是孩子学习如何处理纵向关系的好机会，毕竟社会中存在很多纵向的关系，这些社会关系都是和长子与次子的关系相通的，让孩子学会在真实的社会中，不是所有事都能如愿以偿。这样，等孩子们长大之后，便会展现出不同的个性，比如“这件事哥哥做得比较好”“这件事妹妹负责更好”，能够将自己擅长的地方表现出来。千万不要用一把尺子来衡量兄妹二人，应让孩子们各自施展不同的个性，不要进行对比，而是单独地看待每一个孩子，接受长子和次子不同的个性。

兄弟姐妹是人际关系的一个小群体，也是培养孩子体验人际关系的机会。如果家里只有一个孩子，那么父母在家就要多花一些时间，倾听孩子诉说一天发生的事情，通过与父母的交流，孩子便会感受到与人沟通的乐趣。

想要独占妈妈的时候

经常听到人们说，小孩子出生后，
大孩子也会变得像婴儿一样吵闹。

总吵着要妈妈抱！

大孩子认为是小
孩子抢走了妈妈。

慢走！
偶尔和大孩子
两个人外出。
把小孩子交给
爸爸照顾。
在大孩子情绪不稳定的
时候，妈妈要注意优先
关注大孩子。
只要大孩子明白“即使有
了小婴儿，妈妈仍然喜欢
我”，就自然会冷静下来，
表现得像个大孩子一样。
妈妈最喜欢你了！
妈妈，小婴儿
哭了，快去看
看吧！
将两个孩子都放在“第
一位”就好了！
好的，
谢谢你！

想要独占妈妈的时候

让每个孩子都得到宠爱！

在餐厅吃饭的时候，经常会有“哥哥和妹妹究竟谁坐在妈妈身旁”的争吵，而妈妈基本上都是让妹妹坐在自己的旁边，因此哥哥就抗议道：“今天我要坐在妈妈旁边！”这时妈妈是否会不自觉地说：“你是哥哥，要让着妹妹。”来强迫哥哥接受呢？有时不妨换一个说法吧！告诉哥哥让妹妹坐在自己旁边的理由：“妹妹还不会自己吃饭，妈妈得喂她吃。”同时也要满足哥哥的愿望：“上菜前，哥哥你先坐妈妈旁边吧！”因为只有让孩子感到妈妈在乎自己，他才会认为妈妈是爱他的。

试着回想一下，在妹妹出生之前，哥哥是否期待地问过你：“小婴儿什么时候出生呀？”所以你认为他一定也很喜欢妹妹。但是，妹妹对哥哥来说，是会夺走妈妈的存在，意味着妈妈今后不再只和自己玩，还要陪着妹妹。因此，在妈妈被妹妹占有的寂寞心情下，哥哥就把自己变得像小婴儿一样，目的是“向妈妈撒娇”“想要引起妈妈的注意”，甚至对妈妈说：“想和小婴儿一起喝奶。”面对这样的哥哥，对于忙着照顾小婴儿的妈妈来说，会成为一个烦躁的原因，原本以为可以帮忙照顾妹妹的哥哥现在反而成了更需要人照顾的孩子，于是便对哥哥吼道：“你说什么呢！别闹了！”

其实，在小婴儿出生后，心里感到有压力的不只是妈妈，哥哥也一样，所以妈妈多说一些能安抚哥哥情绪的话吧！虽然听起来有些辛苦，但是这样做也能让妈妈自身冷静下来。

即使身体成长了，哥哥也还是个孩子，尤其是心理发育成熟后的哥哥，对妈妈的爱会更加敏感。已身为人母的你请回想一下，在还是单身的时候，你是不是也曾向男朋友确认过“你喜欢我吗？”这个问题，人们都想从喜欢的人嘴里听到“我喜欢你”这样的话语，或者对你表现出喜欢你的行为，所以妈妈要对哥哥说出“妈妈最喜欢你了”这句话，并在爸爸的帮助下一起照顾孩子，向两个孩子都传达自己的爱意。

孩子烦躁不安是正常现象

还不会说话的小婴儿，只能通过哭泣、闹别扭的方式，来表达自己的想法。

开始学习说话的孩子，也会如此。

两岁左右的孩子已经有了自己的看法，却不会用语言表达出来，因此感到烦躁不安。

孩子无法像大人一样熟练使用语言，也不会控制自己的感情，所以自然会感到烦躁。

这和大人用不擅长的外语，去传达一件重要的事情一样有压力。

当孩子想说的话和想做的事不能如愿时，就会感到烦躁，这时要体谅孩子的心情。

得到共鸣后，孩子逐渐冷静下来，这时……

帮助孩子转换心情！

每当发生类似的状况，都这样做的话，孩子便会慢慢学会控制表达和感情。

孩子烦躁不安是正常现象

妈妈先控制情绪，孩子自然会平静！

孩子的烦躁不安，常与妈妈自身的烦躁不安有很大的关系。女性每个月由于荷尔蒙分泌的原因，总会有一段时间感到急躁和失落，虽然心里很清楚，但怎么也控制不住自己。此外，感到时间不够用时，也会心生烦躁。像这些时候就非常危险了，妈妈的烦躁很容易将孩子卷入其中。

比如，朋友要来家里玩时，妈妈忙着准备茶点和收拾屋子，就在好不容易都准备好时，孩子又把玩具乱丢了一地，这让妈妈的烦躁情绪被引燃。平常不赶时间的时候，会心平气和地对孩子说：“一起收拾玩具吧！”而今天却突然愤怒地吼道：“赶快把玩具收拾好！”于是，妈妈的烦躁传染给孩子后，孩子跟着“打开”了遇到一点儿小事就闹别扭的开关，只要事情没有按照设想进行，就会变得比平常暴躁，并且格外反抗妈妈说的每一句话。如此一来，便是恶性循环。妈妈不再关切地询问孩子：“怎么了？”而是大声训斥孩子：“不会做就不要做了！”这样只会让孩子更加闹别扭。

一旦变成这种状况，要想安抚孩子焦躁的情绪，首先妈妈要控制住自己的情绪，不妨进行一次深呼吸，对自己说：“冷静一点儿！”妈妈冷静下来后，孩子也跟着平静下来，问题自然就解决了。没错，妈妈的情绪确实会影响孩子的情绪。

此外，孩子自身产生的焦躁情绪，也和妈妈有着很深的关系。孩子的手不如大人那样灵巧，又不会控制自己的情绪，所以在积木一直堆不好时，就会烦躁不安，因没能达成自己的目的而大哭。这时，妈妈与其责骂孩子：“不要哭了！”不如指导孩子：“这样做更简单哦！”其实孩子早晚会停止哭泣，所以放任其哭泣也是必要的。大人的愿望没能实现时，同样想找个人诉苦，说出心中的不满来转换一下心情。

语言能力尚未发育完全的孩子，内心的烦躁是通过闹别扭表现出来的，没有按照设想完成而不甘心，一定要让孩子通过其他方式发泄出来。

专栏 4

告别压力！妈妈必学的沟通方法

明明自己说得在理，却被对方误解，是否感到有些不善于表达感情？下面就介绍一些不会被对方误解的沟通小技巧。

◆ 拒绝其他孩子的妈妈的时候

· 不经意而开朗地当面拒绝邀请

“谢谢你！但是那天我已经有安排了，还是要感谢你邀请我！”

“谢谢你！不过今天丈夫拜托我帮他做件事。下次再邀请我，好吗？”

“谢谢你！但今天我要和小儿子外出，我们下周约怎么样？”

· 与对方意见不同时

“这样啊，但是另一种情况要怎么办呢？”

“有道理，不过我觉得……”

· 催促对方

“我妹妹想要回借给我的那本书了，不好意思，这么突然要你还。”

“我需要用那个东西，能麻烦你周五带来吗？真不好意思！”

· 自己要先回家时

“真不好意思，大家明明兴致正高，但我得先走了。”（小声告诉座位旁边的其他人即可）

“我今天只能待一个小时。”事先告知对方，然后等差不多到点时，再有风度地告知对方：“抱歉，我该走了。”

◆ 请丈夫帮忙时的技巧

· 经常脱口而出的话语

“你帮我做点儿家务会死啊？”

“男人可真好啊，出了门就获得自由了。”

“每天做饭太累了！”“你偶尔帮个忙啊！”

说出这些话后，夫妻间多半会发生争吵。

→“我能发下牢骚吗？”预先告知丈夫，抱怨完后，再笑着说：“啊，感觉舒服多了！”

→“你明明工作都这么累了，真不好意思……”用类似的话开头。

· 其他有效的说法

“你至少帮忙打扫一下浴室啊！”

→“今天浴室的打扫，就拜托你啦！”

“偶尔帮忙整理一下旧报纸啊！”

→“你比较擅长整理。整理旧报纸的任务就交给你，可以吗？”

Chapter 5

每天都是“和谐交流日”

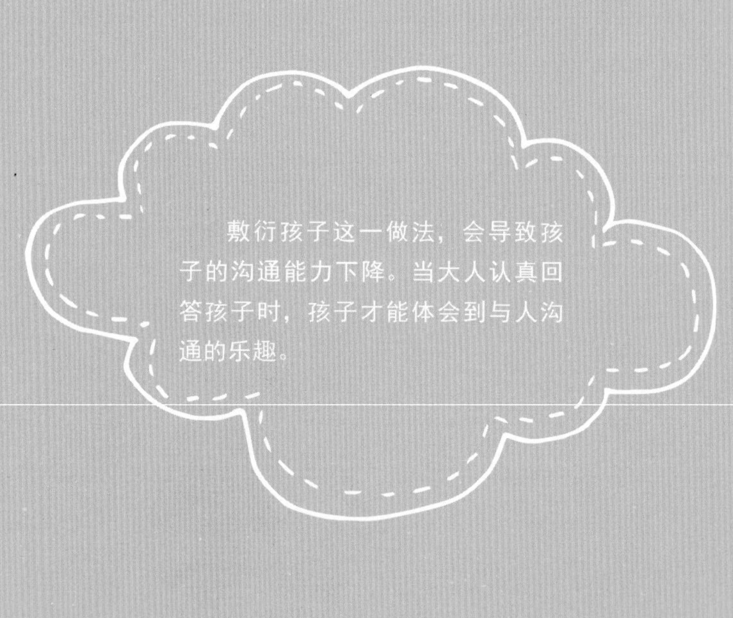
敷衍孩子这一做法，会导致孩子的沟通能力下降。当大人认真回答孩子时，孩子才能体会到与人沟通的乐趣。

学习日常打招呼

对于不愿意主动打招呼的孩子……

与其催促孩子，不如……

当孩子能够主动打招呼时，一定要给予表扬！

身为妈妈的你打招呼给孩子看的话，孩子自然会开始模仿，完全不需要着急。

当孩子忘记打招呼时……
妈妈！
点心在哪儿？
咦？您是哪位啊？
啊，我忘记了！
我回来了！
像这样幽默地回应孩子……
便能让孩子自己想起忘打招呼的事情。
每天打招呼很重要！
早安！
晚安！
我开吃了！
打招呼并不是一件“非做不可”的事，而是会使人“心情舒畅”和“想要去做”的事情，因此……
我走了！
路上小心！
特别是早上时间紧迫、没时间聊天的时候，更应注重打招呼这件事。

学习日常打招呼

打招呼强迫不来，妈妈要以身作则！

打招呼能够使人们的心情变好，跟孩子打招呼时，要看着孩子的眼睛说："路上小心！"或者抚摸着孩子说："你回来啦！"用这种"打招呼"加上"动作"的方法，向孩子传达妈妈的温暖。而感知到妈妈温暖的孩子，会确信自己是被爱着的，于是便能够肯定自己的存在。

像"早安！""晚安！""路上小心！""我走了！""我开吃了！""多谢款待！"这些话，每天都和家人好好说过吗？

比起教育孩子“打招呼很重要”，不如在家人之间养成打招呼的好习惯，这样孩子就会耳濡目染，学会主动打招呼了。每天早上见到家人的第一面时，看着对方的眼睛，微笑着说：“早安！”妈妈和孩子一起，对即将出门上班的爸爸说：“路上小心！”

此外，妈妈和外人打招呼的一举一动，孩子也都看在了眼里。在公园遇到孩子朋友的妈妈时，妈妈向对方爽朗地问候一句：“早上好！”那么相信总有一天，孩子也会跟着你一起，主动问候“早上好”。

话说回来，有一种孩子，他们“羞于打招呼”，在家里来了亲戚时，即使亲戚对孩子说了“你好”，孩子也没有任何回应。这时，妈妈便会强迫孩子打招呼，并斥责道：“你怎么不跟人家打招呼呢？”“快点儿打招呼啊！”“快跟奶奶说‘你好’！”但这种强求其实并没有什么意义，只要妈妈先在孩子的面前，切实回应对方，孩子总有一天能够学会打招呼，不需要过于紧张。孩子此时也许正在心里衡量着打招呼的时机，若被大人抢先一步催促，反而会失去打招呼的兴趣。虽然没有说出口，但只要孩子有点头示意的行为，就说明他是想打招呼的，大人应该尊重孩子“想打招呼”的心情。

最后，一定要记得，当孩子可以主动打招呼时，应该表扬孩子：“你已经学会开朗地跟别人打招呼了！你做得真棒！”

开心地说“谢谢”和“对不起”

“谢谢”是培养孩子感恩之心的话语，一定要多多使用。

例①：在电梯里

您先请！

谢谢！

例②：在厨房里

如此一来，“谢谢”就在不知不觉中感染了孩子，使孩子也开始说“谢谢”。

“对不起”是承认自己做错了事，想要和对方和好的话语，千万不要强迫孩子说，比如这种时候……

不要责备孩子，孩子看到打碎的盘子，也十分慌乱，比起让孩子认错，不如……

如果不小心责备了孩子，这时要……

不如这样引导孩子。

不论是“谢谢”，还是“对不起”，都是培养孩子拥有良好人际关系的必要话语，父母要先给孩子做示范，经常使用这两句话。

开心地说“谢谢”和“对不起”

将感谢常挂嘴边，道歉要明白原因！

从家人那里听到“一直以来非常感谢”“晚饭真好吃”这些话，妈妈一定会很开心。但有人认为“不用说对方也会理解”“总是说这种话会很累”，可正因为是亲密的家人，才要将感谢的话语和认为对方“好的地方”，坦诚地说出来。感谢的话语、赞美的话语，都能让对方的心产生正面的能量，而这股正面的能量，可以带动家里的氛围焕然一新。

此外，妈妈在孩子面前说出感谢的话语也十分重要。如在散步时看到的景色“黄色的花真漂亮啊！”和感受到的体会“微风好舒服啊！”将这些细微的感动，用语言表达出来，这样被教育出来的孩子，会拥有丰富的表达能力。孩子情绪表达的学习，是通过感知、模仿父母表达情绪的方式，所以父母内心的丰富程度，以及如何与周围的人交流，都会对孩子产生相应的影响。

和“谢谢”一样，“对不起”也是非常重要的话语。但是教孩子说“对不起”时，最重要的是让孩子明白“为什么要说对不起”。当孩子和朋友吵架，出手打了对方时，家长往往连理由都不问，就强迫孩子道歉，并认为“这是最恰当的解决办法”，其实这么做是错误的。妈妈应该在让孩子道歉前，先询问孩子打人的理由，然后再教育孩子“无论怎样，打人都是不对的”。

道歉是为了让孩子反省自己的行为，思考为什么不能这样做的机会。明白了为什么要道歉，才是说出“对不起”的真正目的。如果强迫孩子“赶快道歉”，就达不到这个目的了。有的孩子认为只要道歉就能解决一切问题，但即使对方接受了道歉，也不意味着做这件事是被允许的。为了避免孩子今后继续犯错，一定要让孩子明白自己做错在哪里，也就是说“对不起”的原因。“对不起”这句话，不是为了帮人从当时的状况中逃脱出来，而是直视自己所做错事的话语。

做善于聆听的父母

打扫、洗衣、做饭、洗碗，妈妈的每一天都很忙碌，所以有时不自觉就……

当孩子不太想说话时……

制造出让孩子愿意说话的气氛，然后……

当孩子主动说话时……

继续追问孩子，借机将话题展开，这样孩子就变得愿意多说话了。

做善于聆听的父母

倾听孩子的情绪，询问孩子的理由！

爸爸和妈妈每天都很忙，要处理许多事情，一天的时间很快就过去了，所以对于孩子的“妈妈，我有事跟你说”，妈妈很难有时间坐下来，看着孩子的眼睛问：“什么事？”于是便脱口而出：“等下再说好吗？”“妈妈现在很忙”最终却很少和孩子说话。有时忙到一天结束了，连孩子的一句“妈妈，我有事跟你说”都没时间听。但是，当孩子说“妈妈，我跟你说，今天发生了一件事”这句话后，妈妈能够追问孩子：“发生什么事了？”孩子就会因妈妈愿意听他说话而开心。妈妈如何聆听孩子的话语，会直接影响到孩子学习交流的兴趣。

此外，善于聆听的妈妈，也更善于鼓励孩子。比如明天幼儿园组织游泳活动，妈妈精心为孩子准备好了游泳衣，不料孩子却说："我不想游泳！"这时妈妈不应该责备孩子："幼儿园的其他小朋友都去游泳呀！"而是询问孩子："你不想游泳吗？为什么呢？"先接受孩子"不想游泳"的情绪，再试图问出孩子不想游泳的原因。

大多数的妈妈会认为"我和孩子根本没有时间进行那种对话"，可即使是大人之间的交流，也是当你关心了对方的情绪后，对方才愿意向你吐露心声。孩子虽然身体小，但也有自己的想法，所以妈妈要认真聆听孩子说的话，努力了解孩子的内心想法。孩子说不想游泳的背后，一定是有原因的，不问理由直接告诉孩子"别闹了，反正你不能请假"，强迫孩子去了泳池的话，只会让孩子今后对游泳产生排斥之情。相反，如果妈妈聆听了孩子不想游泳的理由，那么就能帮孩子消除不安的情绪，给予孩子鼓励："啊，你是因为上次去的游泳池水太凉了，才不想游泳呀，但幼儿园游泳池的水是温水，所以没关系的，别担心！”

聆听孩子的话，妈妈才能感受到孩子的成长，才能了解孩子的内心世界。而且当孩子明白妈妈愿意倾听自己的诉说时，内心会异常满足。大人也是如此，当自己喜欢的人愿意听自己说话时，心情就会变得平静。孩子更是这样，如果自己最喜欢的妈妈认真听自己说的话，那他小小的内心就充满了幸福感，忘掉了所有的烦恼。

培养孩子丰富的感知力

随着孩子的成长，他的世界也变得宽广起来。

社交的萌芽逐渐成长。

之后，学会了感知他人的心情。

同样反映在孩子的游戏中……

孩子的想象力会越来越丰富，所以妈妈在和孩子一起玩时，一定要用丰富的表情回复孩子。

这时孩子已经会玩过家家了。

在给孩子朗读绘本或童话书时，感情要丰富！

引导孩子进入故事情节，读完后……

应该让孩子自己沉浸在故事之中，妈妈只要配合孩子的节奏，在一旁守护着孩子就可以了！

培养孩子丰富的感知力

对孩子传达自己的情感，引导孩子理解他人的心！

人们都说，孩子在两岁时，就对他人的表情和感情开始产生兴趣。比如在绘本中看到一个悲伤的场景，孩子便能够理解主角的心情，说道：“他在哭呢。”孩子就是如此可爱，当他能够理解他人的感受时，就会开始考虑对方的感受，进而展开行动。

妈妈若想培养孩子运用这种情绪的能力，就要看着孩子的眼睛，向孩子传达自己的情感。比如“妈妈洗完澡，感觉好舒服啊！”“宝贝把晚饭都吃光了，妈妈好高兴啊！”“妈妈生气是因为你不整理玩具！”像这样妈妈将自己的感受，还有产生这种感受的原因，真诚地传达给孩子，这样孩子下次做事时，就能明白以下事项：

·自己做的事，会给妈妈带来什么样的感受。

·妈妈在什么时候会开心、在什么时候会生气。

只有这样，才能培养孩子理解他人的心。当有小朋友向孩子借玩具时，妈妈不要大声斥责孩子：“把玩具给别人玩！”而是要引导孩子：“他好像很想玩这个玩具，你借他玩会儿吧！”把对方的心情传达给孩子。

此外，孩子有时会说出有暴力倾向的语言，尤其是男孩子在电视上看到了自己崇拜的英雄人物，憧憬英雄人物使用的武器，认为那是世界上最帅的武器，于是自己将报纸卷成筒状、贴上胶带，当作武器玩耍，然后和朋友们边打闹，嘴里边说出了含有暴力意味的脏话。妈妈听到后，内心是不是会感到不安？但其实不用担心，不去纠正孩子，他也会自己改过来，这和流行的东西是一个道理，基本上只是在特定的时间段内使用较多而已。

话说回来，如果孩子对周围的大人，频繁使用有暴力倾向的话语，那妈妈可以直接告诉孩子：“英雄是不会随便乱骂人的好人。”假如孩子开玩笑地对奶奶说：“你这混账家伙……”妈妈要及时教育孩子：“奶奶这么疼你，你这样跟奶奶说话的话，你说她会怎么想？”通过询问孩子的方式，让孩子借机理解对方的心情。

带孩子去朋友家

妈妈和孩子都很期待去别人家里玩。

孩子们体验到了与平常不同的玩耍方式。

但正因如此，更需要注重礼貌。比如……

①不要擅自吃对方家里的食物。

②吃完后跟对方说：“谢谢款待！”

③把玩具整理好再回家。

顺便，为了防止孩子经常说的那句：『我不想回去！』要事先……

④走前不要忘记说“谢谢”。

先和孩子提前约定好，让孩子有心理准备。不过当孩子太累、太困的时候，可能会无视之前的约定，所以要在发生这种状况前，带孩子回家。

带孩子去朋友家

与其他妈妈保持来往，应注意不要勉强自己！

距离娘家较远，丈夫下班回家晚，这会让妈妈积攒很多压力。虽说是“我可爱的孩子”，但在育儿的过程中，还是会不断产生烦恼，妈妈感觉“每天都没有自己的时间，得不到一会儿的安宁”，因而感到沮丧。这时，如果妈妈身边有同为妈妈的朋友的陪伴，心情上就会放松很多，通过电话或者邮件发发牢骚、互相鼓励。因为双方的立场差不多，能够相互理解，有很多共同语言，得以展开愉快的对话。此外，妈妈和朋友间还会互相交换幼儿园、医院、购物等信息，使聊天气氛火热起来。有孩子之间关系好，所以妈妈之间关系也好的情况，也有因孩子年龄相近、两家住得也近，而妈妈们关系很好的情况。但无论是哪种情况，都应注重礼仪，因为如何与他人交往，决定着今后关系的发展。

妈妈们互相来往的时候，尽量不要勉强自己，要有说出“今天可能去不了”“今天有点儿够呛”这种拒绝的话的勇气，这是很重要的。但想要拒绝别人又很难，不妨记住以下几个诀窍，来轻松应对说“不”的时候：

拒绝邀请的时候

“等下要不要一起去吃午饭？”当被邀请却去不了的时候，要明确拒绝对方，如：“不好意思啊，今天有事所以去不了了。”如果对所有邀请都说“好”的话，妈妈总有一天会承受不住压力。因为担心关系恶化，很多妈妈过于在意对方的心情，其实偶尔拒绝一次，是很正常的事情，不然妈妈自身会感到越来越痛苦。

希望对方离开的时候

孩子的朋友和妈妈一起来家里做客，时间已经不早，自家该准备晚饭了，却很难说出“想让你们回去”这种话。这时，不如加入孩子们的游戏，陪孩子们玩一会儿，然后询问：“你们明天上幼儿园还可以一起玩，要不今天就先到这里？”尝试从孩子那里寻找突破口。

和其他妈妈之间，要保持一定距离，不妨想开一些，安慰自己“不需要每次都配合别人”“没必要做一个老好人”。此外，不用因为孩子间的关系好，妈妈就一定要和对方的妈妈也搞好关系，切记不要每次都回应“与孩子无关的邀请”，只有这样，妈妈才不会把自己逼得太紧。

孩子说谎的时候

孩子在五岁之前，还不能分清现实和理想的区别。

比如这种时候……

啊……
来，张嘴让妈妈看看……咦？看起来没有刷过啊!
原来我没刷牙!
像这样把孩子从“理想区”里拉出来就好了!
我现在去刷!
现实区
担心
万一说谎成了习惯怎么办？
随着成长，孩子早晚有一天会改掉这个坏毛病的，此时……
如果是这样就好了……
如果不用责骂的方式，而是委婉教导的方式，来教会孩子“诚实”的好处，那就再好不过了!
是吧？
是吧？
我懂!
我懂!

孩子说谎的时候

孩子说谎，提醒大人反思相处方式！

孩子之所以会说谎，是为了保护自己。比如孩子不想被批评的时候，就会说谎，当妈妈问："你是不是吃了我放在这里的点心？"孩子下意识地回答："是妹妹吃的！"这时妈妈通常会破口大骂："你这个骗子！"但孩子就是不想被骂，才说谎。所以当孩子说谎时，妈妈不要一味地责备他，还要多留意其他的状况。妈妈应该先温柔地询问："你是不是吃了点心？"这样孩子便容易说出"对不起"，主动向妈妈道歉，也就不会说是妹妹吃了。

说谎是孩子为躲避大人责骂的一种手段，所以父母过于严厉，或者总是责骂孩子的话，只会让孩子不断地说谎。从父母的角度来看，如果在“不得不骂”的场合下，孩子能够承认错误的话，一定要表扬他：“你懂得道歉了，真棒！”让孩子明白“比起说谎，还是诚实道歉更心安理得”。

除此之外，说谎的孩子还有一种心理就是“希望得到表扬”，比如谎称：“我是幼儿园里跑得最快的！”“我被老师表扬的次数最多！”当妈妈感到“这是孩子为了得到表扬而说的谎话”时，除了惊讶，还要重新审视一下自己平时赞美孩子的方法，是不是只根据结果来评价孩子？是不是只顾着照顾弟弟妹妹，而忽视了宠爱哥哥姐姐？孩子的谎言，正是提醒妈妈要及时调整母子相处方式的警钟。不如改变一下平时赞美孩子的方式吧！将“你得了第一名，真棒！”的称赞方式，改为“你努力过了，妈妈觉得你很棒！”或者告诉孩子：“老师虽然没有表扬你，但是妈妈依然最喜欢你！”

妈妈一定要删除脑内固有的思维方式：说谎是 100% 错误的事情，因此一定要批评孩子。然后替换成“说谎是孩子给妈妈的一个警告”。可妈妈或许有这样的不安：“我家的孩子，要是一直说谎可怎么办啊……”事实上无需担心，孩子是否说谎，取决于周围的大人和他的相处方式，而且孩子的谎言是没有恶意的，不妨把孩子的谎言看成是一个亲子间交流的绝佳机会。

与孩子交流不要敷衍

对孩子来说，世界上充满了不可思议的事物。

而且孩子总有问不完的问题，于是大人终于耐不住性子，丢给孩子一句：“我不知道！”

这是大人们最容易脱口而出的一句话，但是……

还是要好好回答孩子的问题，即使是没有科学依据的答案也可以，甚至加入一些奇幻色彩都没问题。

如果妈妈能认真回应孩子说的话，孩子便会非常高兴，所以……

当被孩子追问时……

像这样和孩子展开话题，享受亲子间对话的乐趣，不是很好吗？

与孩子交流不要敷衍

诚实回应孩子，能提高孩子的沟通能力！

生活中时常会发生这种事。

孩子："妈妈，我想给朋友写信，在这张纸上写，可以吗？"

妈妈："那你可要认真写哦！"

孩子："可以在上面画画吗？"

妈妈："别把纸弄脏了啊！"

妈妈在对话中，既没有回答孩子能否在纸上写信的问题，也没有回答孩子能否画画的问题，只是对孩子说了自己想说的话。

妈妈也希望孩子感受到“妈妈听我说话了，真开心”“妈妈跟我展开了很多话题，很有趣”，但现在这样回应孩子，孩子是无法感受到的。这样的说话方式，其实并不针对孩子如此，大人间的交流也常常这样，只是在对待孩子时，能稍加注意一些就最好不过了。

此外，孩子的好奇心旺盛，即使是周围很安静的情况下，也会问妈妈：“那是什么？”这时，妈妈一般会说：“给我安静一点儿！”“别闹老实待着！”将孩子的好奇心和想要说话的情绪都压制了下来，其实应该好好回应孩子：“那是公交车，很大吧！”当大人回应了孩子说的话时，孩子才会切实感受到交流的乐趣。

话说回来，随着孩子的成长，他们的问题也会越来越棘手，如“为什么会这样呢？”“怎么变成这样的？”。这时妈妈不要回答“我不知道”，而是坦诚地对孩子说：“妈妈也不知道，咱们一起调查吧！”“不好意思，给妈妈一点儿时间思考好吗？”孩子当然希望妈妈能为自己解答疑惑，但只要妈妈诚实地回答了自己的问题，内心也会充满安心感。

有些妈妈为了能和孩子展开愉快的对话，直接询问孩子：“怎么样啊？”但应把问题具体化，不是询问“今天上幼儿园怎么样？”

而是“今天在幼儿园玩了什么游戏？”“今天和谁一起吃的午饭？”这样孩子就能具体地回答妈妈的问题，如“今天我唱歌了”“妈妈我跟你说，小明的维也纳香肠……”对大人来说，也会认为比起“怎么样啊？”还是具体的提问更容易回答。

专栏 5

和孩子在“节庆活动”时享受美食

每个季节的节庆活动，也是亲子进行沟通的机会，能够与孩子一同感受节日的喜悦。在不同的节日里，会吃一些不同的食物，而且这些习俗的由来都蕴含着故事。随着孩子年龄的增长，不妨慢慢地和孩子分享这些故事吧！

◆ 年夜饭的意义

饺子代表“招财进宝”。

腐竹代表“富足”。

鱼代表“年年有余”。

猪肉代表“诸事顺利”。

长年菜（荠菜）象征长命百岁，吃时不能咬断，要一口吃掉，意味着长寿、有始有终。而且长年菜中的大量纤维，能够帮助消化，消除吃过鱼肉的油腻感。

◆ 为什么元宵节吃元宵？

元宵圆圆的外形，象征团圆、幸福，所以元宵节吃元宵，意喻家庭的幸福与平安，这是古老的中国的传统节日习俗。

◆ 为什么清明节前不吃热食？

因为古人称清明节的前一天为“寒食节”，这一天人们是不吃热食的，并且在清明节的前三天都不生火做饭，只吃凉的食物，后来寒食节与清明节渐渐合二为一，所以现在就变成清明节的习俗。

◆ 为什么端午节吃粽子？

传说战国时期的楚国诗人屈原，因想警醒君王认真治国而投江自杀。百姓为感激怀念屈原，防止屈原的尸体被鱼虾吃掉，用竹叶包裹米饭，扔到河里去，也就是现在的粽子。后来，吃粽子就逐渐变成了一种习俗。

◆ 为什么中秋节吃月饼？

元末时期，朱元璋想反抗元朝，却苦于无法向他人传达共同反抗的消息。后来，刘伯温想出一妙计，他告诉大家冬天会有瘟疫，请大家在中秋节吃月饼，称月饼能治疗瘟疫。而他们将小纸条藏在月饼里，一传十、十传百，呼吁大家抵抗统治者，起义胜利后再次吃月饼庆祝，后来吃月饼成为中秋节的习俗。

◆ 七夕节有什么特别要吃的东西吗？

农历的七月初七是七夕节，各地有各地不同的饮食风俗。北方人在这天会吃饺子、面条、馄饨等面食，并且在饺子里塞人硬币、枣等，能吃到这种饺子的人，意味着财运滚滚或者早生贵子。

◆ 各地的腊八粥不同？

腊八节是农历十二月初八这一天，大家在这天会祭祖、喝腊八粥。传闻释迦牟尼修行时，曾饥饿难耐，从一位牧羊女那里得到一碗大米粥。后来，喝粥便与腊八节结合起来，但现在的腊八粥比以前的好喝多了，而且因各地偏爱的食材、口味等不同，使不同地方的腊八粥都别具特色。

后　记

有一天，我乘坐特快车时，发生了一件事。当列车进站停车，再次缓缓驶动时，我不经意向窗外一瞥，只见一个男孩子正在向列车挥手，与其说是挥手，不如说他正在用全身的力量，挥动着手臂。看到小男孩的身影，让原本脑中被很多事情困扰的我，一下子思路清晰起来。

读完这本书的爸爸、妈妈们，今天在与孩子相处的时间里，有什么新的发现吗？发生了什么让你们感到欣慰的事情吗？

目前，我的妹妹正在努力育儿，是两个男孩子的妈妈，长男五岁，次男两岁，她经常对我说："与其说是我在养育孩子，不如说是孩子们在带给我快乐。"

今天又有什么快乐的事情等着我呢？一定会有很美好的事情，出现在孩子和爸爸、妈妈的面前。

这本书，是在编辑山本泰代小姐的协助下，付出很多努力完成的。山本小姐，真的非常感谢你！

此外，要感谢为本书赋予幽默和真实感的插画家田村记久惠小姐，以及负责装帧设计的后藤美奈子小姐！当然，这本书的功劳，还少不了在我身边正努力育儿的“内心强大的妈妈们”。知惠妈妈、朝子妈妈、淳子妈妈、美佳妈妈、真由美妈妈，非常感谢你们的帮助！

最后无论如何都要感谢的，是购买并阅读了此书的爸爸、妈妈们，我在此由衷地感谢你们！

杉山美奈子